玩出智慧

U0605204

图说健身游戏

TUSHUO JIANSHEN YOUXI

李安娜　赵　宜　李　洋　编文/绘图

科学普及出版社

·北　京·

图书在版编目（CIP）数据

图说健身游戏／李安娜，赵宜，李洋编绘．—北京：科学普及出版社，2017
（玩出智慧）

ISBN 978-7-110-08984-2

Ⅰ．①图…　Ⅱ．①李…　②赵…　③李…　Ⅲ．①体育游戏—中国—图解　Ⅳ．①G898.1-64

中国版本图书馆 CIP 数据核字（2017）第 027320 号

版权所有　侵权必究

作　　者　李安娜　赵　宜　李　洋

责任编辑　梁军霞
封面设计　朱　颖
责任校对　杨京华
责任印制　张建农

科学普及出版社出版
北京市海淀区中关村南大街 16 号　邮政编码：100081
电话：010-62173865　传真：010-62179148
http://www.cspbooks.com.cn
中国科学技术出版社发行部发行
鸿博昊天科技有限公司印刷
＊
开本：700 毫米×1000 毫米　1/16　印张：13.5　字数：230 千字
2017 年 4 月第 1 版　2017 年 4 月第 1 次印刷
ISBN 978-7-110-08984-2/G·4007
印数：1—3000 册　定价：29.90 元

（凡购买本社的图书，如有缺页、倒页、
脱页者，本社发行部负责调换）

前言

　　在健身游戏中，很多项目都可追溯到非常悠久的历史。古人在闲暇时，利用日常生活废料或生产工具，扎扎绑绑或精打细造，就摆弄出一个崭新的生活工具或游戏道具。玩家琢磨、尝试着用新出炉的玩意，设计出最新鲜的玩耍方法，这就是新游戏产生之初的状况。之后，在众多玩家的热心参与和亲身体验后，好玩的就传承下去，不好玩的就慢慢被人们遗忘，淘汰于历史的长河中。

　　随着玩家玩耍游戏技巧的逐步成熟，进而激发出技巧竞赛的想法，他们想比试一下谁玩的水平更高、能力更强。这种刺激玩家的竞争心理，使游戏玩起来更富满足感。玩家的队伍也随着比赛而日益壮大。这就是由普通游戏成为体育运动的自然演变过程。所以说，健身游戏本身是体育运动的前身，它们是一脉相承的关系。

　　随着游戏技巧的难度系数越来越高，新玩法也层出不穷。有些动作还充满惊险与刺激性，甚至被人们赋予"极限运动"的称号。这个称谓导致一些玩家对这些游戏望而却步，不敢轻易尝试。为了让大家解除误会，认识并掌握这类游戏的基本玩法和技能，我们编写了本书，目的是想让普通玩家了解各种游戏怎么玩，如何能玩得更好、更精彩。读者看过本书后，如能激发出投入其中的热情，我们就如愿以偿了。俗话说："师傅领进门，修行靠个人"，如果玩家深入了解这些游戏以后，并不满足停留在游戏的初级阶段，想进入游戏的更高级层次，那就请在专业人士指导下，进行系统的训练吧。

　　时至今日，健身游戏早已成为人们休闲娱乐和强身健体的重要组成部分，在玩家积极推崇下，各种形式的比赛遍布世界各地，其中一些游戏已经成为极限运动并被列入奥运会的竞赛或表演项目。但跻身其中的游戏高手在比赛时仍然不改玩乐之本性，他们戴着耳机，听着流行音乐，尽情地展现自己凌空旋转的优美身姿，乐享其中。我们期望更多青少年投身到健身游戏中，锻意志，练体魄。

作 者

2016 年 10 月于北京

目录

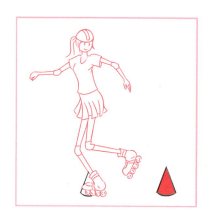

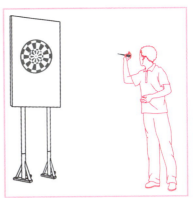

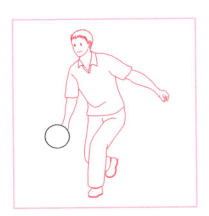

安全温馨提示

　　本书精选了一些位于时尚前沿的健身游戏，在此特意提醒玩家，不管你喜欢何种健身方式，在玩每一种游戏前，都要先学习安全知识，采取安全措施，掌握安全要求。切忌无视危险而忽视安全，切忌对安全规则持儿戏态度。本书在此告诫玩家对自身安全，要给予充分的重视，人身安全永远是第一位的。在开始游戏前，认真做好准备活动——舒展筋骨和拉伸肌肉，才能把身体调整到最佳状态，再按要求正确穿戴好安全护具和符合游戏规定的鞋。只有对安全有足够的重视，才能有效地保护好自己的身体，防止出现不必要的意外伤害。玩家要学习掌握各种自我防摔伤的保护性动作，这也是避免受伤的有效措施。在游戏中玩家时刻要保持头脑清醒、心态平和、礼让宽容、道德规矩。避免妒忌生非，斗气报复。千万不要为追求刺激，盲目地做一些自己尚未完全掌握技术的高难度动作。

轮滑

1 认识游戏

　　轮滑是一项深受大众喜爱的健身游戏。它也被称为旱冰或滚轴滑冰。

　　在公元 1100 年，一些猎人为了在冬季进行打猎游戏，把动物的骨头扎绑在自己的皮靴鞋底上。穿上这样的鞋，就可以在冰天雪地中自如行走了。到了公元 1700 年，人们将骨头拴在鞋底的防滑概念启发了一位苏格兰人的创造性思维，他琢磨着如果把骨头换成轮子，在夏天也能有一双类似冬天滑冰的鞋了。他利用普通线轴和木条，在鞋上敲敲打打一番，终于制作出一双可在夏天使用的带轱辘的滑冰鞋。而真正制作出单排轮滑鞋的人，却是一位乐器制造商。约瑟夫·梅林为了在化妆舞会上有惊人的表现，他穿着自己制作的单排轮滑鞋入场，一边滑行一边拉着小提琴，这一单排轮滑鞋闪亮登场的轰动效果可想而知。在随后的岁月里，经过各代爱好者的不懈努力，轮滑鞋的制作更加精益求精，发展到今天的轮滑鞋无论是造型，还是制作工艺都已经非常完美了。

　　随着轮滑鞋一起发展的是它的玩法。刚开始人们只是简单地滑行，后来加入了花样和技巧动作。玩家们的兴趣和爱好也催生出全方位的玩法，一种是类似冰球的集体轮滑球比赛，另一种是展示个人技巧的花样轮滑。近代轮滑发展得更为迅猛，平花和极限轮滑可谓平分秋色。

1

2 游戏的场地和用具

　　轮滑的场地一定要平整，由于轮滑鞋的轮子较小，硬度较高，其防震性相对较弱，不平的地面容易引起摔倒等不安全事故。

　　轮滑球比赛场地是一块长 22 米，宽 12.35 米的长方形水泥质或花岗石制成的硬质地面球场。在赛场的周围安装一米多高的围板，轮滑球参赛人员可以利用这圈围板来有效地弹击球，也可合理撞击它来缓冲自己飞快的滑速。

轮滑球的球场和球门

球门

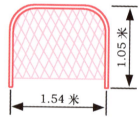

1.05 米

1.54 米

球场

围板高 1.15～1.22 米

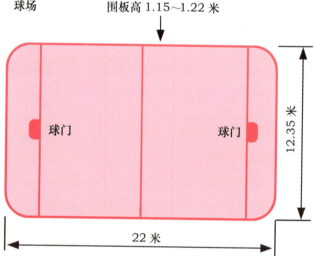

球门　　　　球门

12.35 米

22 米

　　极限轮滑使用的场地最复杂，有 U 形台、滑杆、滑台、滑坡等。平花轮滑的场地较简单，能平行摆开三行桩就可以了。这三种桩以大、中、小桩距来区分，大桩的桩距是 120 厘米，中桩的桩距是 80 厘米，小桩的桩距是 50 厘米。

　　对玩家来说，要想玩轮滑游戏，一双高品质的轮滑鞋是必不可少的。轮滑鞋的种类非常多，一般分为速滑鞋、平花鞋、极限鞋、速降鞋、越野鞋和休闲鞋。玩家可依据自己的玩法进行选择。专业玩家还需掌握一些维修保养轮滑鞋的技术。

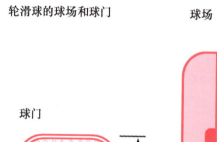

轮滑球轮滑鞋

花样轮滑鞋

特技轮滑鞋

速度轮滑鞋

初学者还应配戴护具，包括：头盔、护腕、护肘、护膝等。如参加轮滑球比赛，除手持的轮滑球杆外，还需佩戴更专业的护具来保护头部、脸部和全身的安全。出于安全考虑，特别提醒各位玩家，一定要购买正规品牌的护具。

轮滑头盔

3 游戏的玩法

建议初学轮滑的玩家跟有经验的老师系统地学习。这里介绍一些初学者入门的基本步骤。

入门练习

（1）首先要穿戴好头盔、护腕、护肘和护膝等安全护具。之所以反复强调安全的重要性，完全是出于为玩家自身安全的考虑。

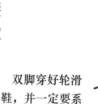

头戴轮滑头盔

双手戴好护腕

双臂戴好护肘

双腿戴好护膝

双脚穿好轮滑鞋，并一定要系紧鞋带

（2）穿好轮滑鞋后，先学习站立的方法，待稍微掌握一定的平衡能力后，再到草地或松软的地面上去练习踏步走。踏步时，双脚呈丁字形站立，左右交替踏丁字步向前走，这样做对初步掌握身体的平衡能力有很大的帮助。

双脚丁字站稳后，就可以练习丁字步踏步走，左右脚交换走丁字步。

穿好轮滑鞋后，要先学会站立。双腿分开与双肩宽度一致，身体的重心在两条腿上。

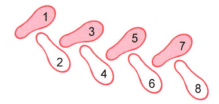

（3）学习摔倒保护，必须先穿戴好各种护具，做前摔、后摔、侧摔的练习。不论向哪一方向摔倒，都以保护自己的安全为前提。刚开始练习时，可以用较慢的节奏倒地，让戴有护具的部位先着地。当熟悉要领，并掌握了摔倒的技巧后，才能随机应变，采取正确的保护性摔倒姿势，在以后的学习中即使意外摔倒，也不容易受伤了。

向前摔时，双腿曲起降低身体重心，让膝盖有护具的部位先着地。玩家为避免摔倒时双手先撑地，应先双臂弯曲，双肘着地后双掌着地，手指向上方翘起，头抬起。

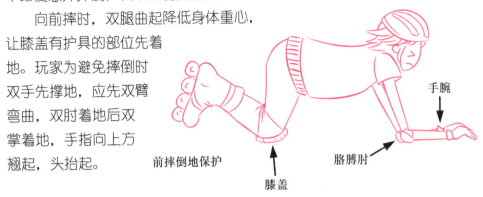

手腕

前摔倒地保护　　膝盖　　胳膊肘

侧摔倒地也是先曲膝下蹲降低身体重心，当膝盖侧着地后侧臀部再着地，胳膊肘触地后再手掌着地，摔倒后应尽量避免单手掌撑地，这样容易导致手腕受伤。

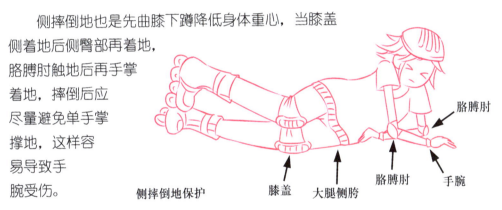

胳膊肘

侧摔倒地保护　　膝盖　　大腿侧胯　　胳膊肘　　手腕

向后摔时，也要先曲膝下蹲，降低身体重心，双掌先着地后双肘着地起支撑作用。为降低重心应先让臀部坐在地上，同时低头团身，不要让头部呈后仰状先磕在地上。

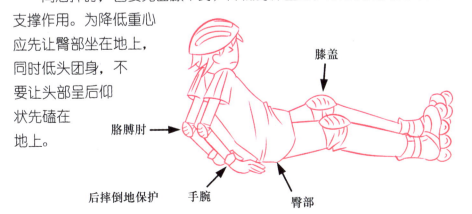

膝盖

胳膊肘

后摔倒地保护　　手腕　　臀部

（4）牵引平衡练习：
老师在前面滑行，并在
腰上套一根绳索，
学生双手抓住绳
索，自己不滑行，
借助前面老师行走
的力拉着往前滑。
学生主要练习双脚
如何控制轮子如何
控制单脚平衡和
移动身体重心。

（5）在初级的滑行训练时，也可做一些下蹲
动作，慢慢体会轮子转动的感觉。单人的滑行练
习，双臂前伸，身体向前倾，缓慢滑行。当掌握平
衡后，可稍微直起身来慢慢加
速滑行。

滑行时的最基本要领是：
腿要直，轮要正，身体重
心全移过来，踝关节不
要倒。直滑蹬地：蹬
地要有速度，有弹性。

滑行时，向后蹬地的腿在收腿后，膝盖呈弯曲状
暂时悬空停靠在另一条正在滑行的腿旁，这个姿势叫
浮腿靠拢。这是一个在滑行中经常采用的姿势，可以
使双腿在再次滑行时蓄积腿部的力量。

（6）滑行停止的方法有两种，一种是制动块停止法；另一种是丁字停止法。熟练的玩家也经常采用双腿急停站立法。

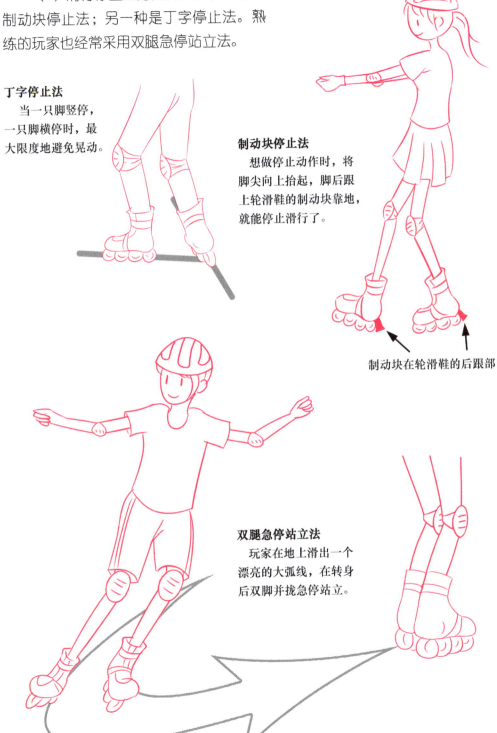

丁字停止法

当一只脚竖停，一只脚横停时，最大限度地避免晃动。

制动块停止法

想做停止动作时，将脚尖向上抬起，脚后跟上轮滑鞋的制动块靠地，就能停止滑行了。

制动块在轮滑鞋的后跟部

双腿急停站立法

玩家在地上滑出一个漂亮的大弧线，在转身后双脚并拢急停站立。

（7）转弯的方法有两种，一种是在转小弯时用的单脚转弧；另一种是转大弯时用的双腿交叉转弯法。在滑弧线时，双脚交叉蹬地，可以使转弯的姿态变得漂亮又轻松。

单脚转弧

位于外侧的脚不停地蹬地并控制转弯的方向，内侧的脚不动就可以转小圈了。

双腿交叉转弯法

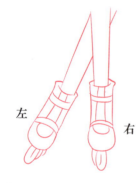

作转弯动作时，位于外侧的右脚在蹬地后交叉跨到左脚的外边。

当右脚落地后，左脚从后面抬起向前方迈步。

左脚临时停放在右脚旁边，双脚同时滑行，准备重复第一个动作，这是一套完整的动作。

（8）初学后退倒滑，玩家可先面对面与老师手拉手站好，老师像推小车状向前走，玩家向后退。独自练习倒滑时，两脚齐肩宽，双腿向两侧使劲，用力蹬开，两手前伸。双脚呈内八字向外推脚，然后再外八字收脚。（后面图示仅为动作示意图，实际中一定要配戴护具，注意安全哦！）

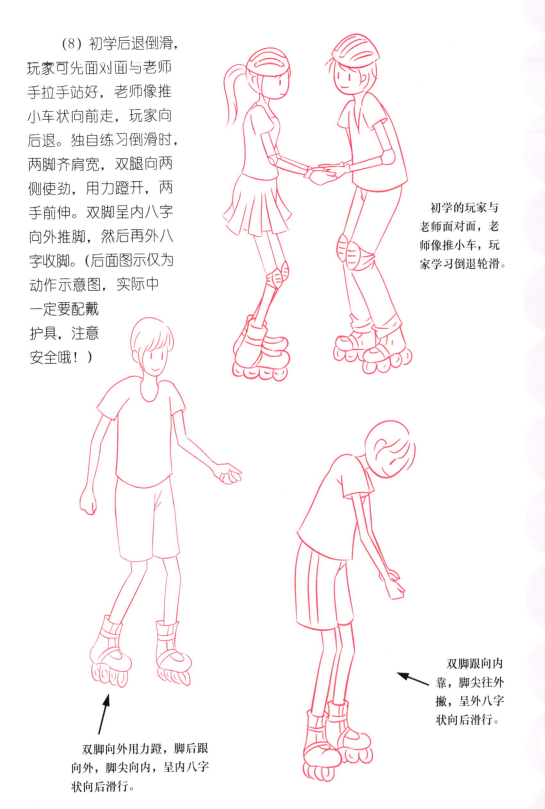

初学的玩家与老师面对面，老师像推小车，玩家学习倒退轮滑。

双脚跟向内靠，脚尖往外撇，呈外八字状向后滑行。

双脚向外用力蹬，脚后跟向外，脚尖向内，呈内八字状向后滑行。

9

双脚倒画葫芦

后退时倒八字滑行，再换正八字滑行，好像在倒画葫芦。

当想停下来时，双脚慢慢合拢后站立即可。

⑤

葫芦的外形。

在双脚同步地反复变换姿势过程中，你也向后方倒退滑行着。

④

当双脚滑到双肩的宽度时，脚后跟向里收，双脚尖向外撇。

当两个脚后跟快要相碰时，适时改变脚后跟的滑行方向。

③

②

④

③

②

脚尖相对，脚后跟向外撇着滑行。

①

在倒退时脚的变化滑行路线。

10

在玩家掌握初步的入门技巧之后，一般就会根据自己的喜好，选择向各种截然不同的轮滑技巧方向发展了。下面重点介绍一些当代时尚又流行，对运动场地要求不高的平地花式轮滑（简称平花）。因没有高难度的跳跃动作，对玩家而言是一项相对比较安全的轮滑玩法。玩家们找一块平坦的场地，按滑桩大、中、小的尺距标准在场地上依次排列摆好，玩家可以根据自己准备的滑行花式，选择大、中、小不同的滑桩来玩。

双脚正交叉绕桩

双脚平行跨过第一个桩后，在两个小桩之间做双脚的交叉动作，在滑第二个桩时右脚在左前，左脚在右后，以双腿交叉的姿势跨过第二个桩。在滑向第三个桩时，双脚再次分开平行跨过，就这样反复交叉、不交叉地滑完全程。

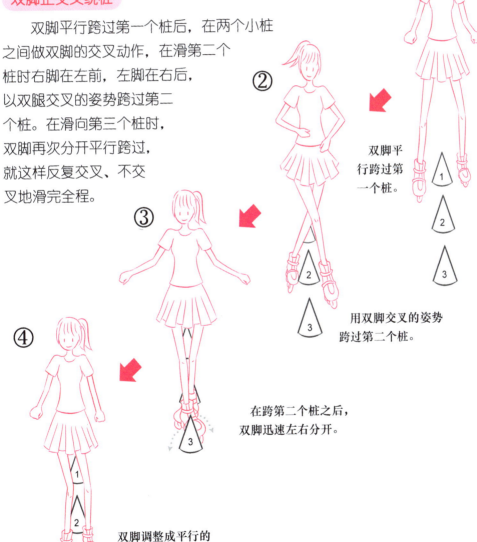

① 双脚平行跨过第一个桩。

② 用双脚交叉的姿势跨过第二个桩。

③ 在跨第二个桩之后，双脚迅速左右分开。

④ 双脚调整成平行的姿势跨第三个桩。

正双脚绕桩

双脚并列在一起，从第一个桩的右边绕过，再滑向第二个桩，从左边绕过，呈蛇形路线前进，直至滑完全程。

动作看似简单，但初学的玩家要想滑完全程，也不容易。

正单脚蛇形绕桩

一只脚着地滑行，另一只脚脚尖抬起不着地，从第一个桩的右边绕过，再从第二个桩的左边绕过，直至滑完全程。

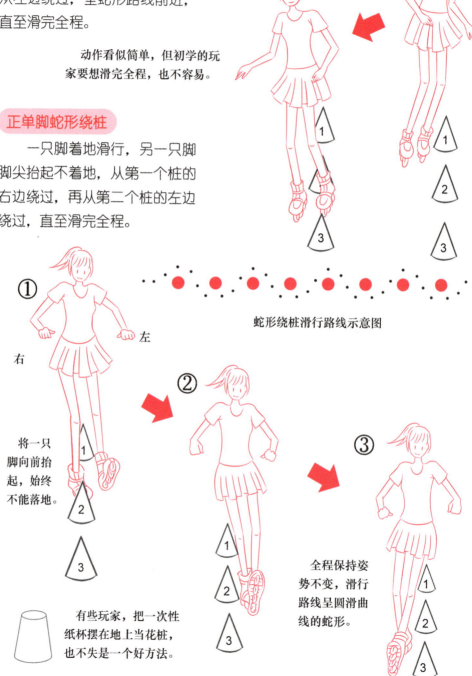

右　左

①

将一只脚向前抬起，始终不能落地。

有些玩家，把一次性纸杯摆在地上当花桩，也不失是一个好方法。

②

③

全程保持姿势不变，滑行路线呈圆滑曲线的蛇形。

蛇形绕桩滑行路线示意图

反双脚蛇形绕桩

双脚一前一后呈一字线，身体背面朝桩，以后退的方式从第一个桩的右边绕过，再从第二个桩的左边绕过，全程路线呈蛇形绕桩。

双脚一前一后，后脚尖顶住前脚跟，呈一字线滑完全程。

①

后退滑行中，头部要适当地向后转，以便看清楚滑行路线，以防撞到滑桩上。

②

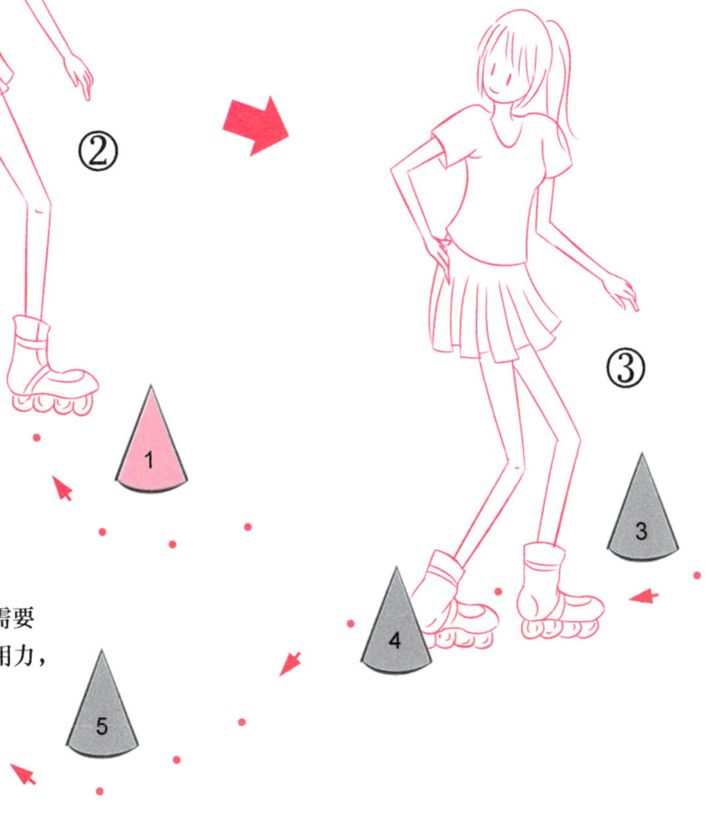

③

以后退的方式轮滑需要腿部和臀部一起配合用力，才能有效地转弯。

13

双脚反交叉绕桩

身体背向桩，双脚后退平行跨过第一个桩后，再以双脚交叉的方式跨过第二个桩，反复地重复上述两个动作来滑完全程。

第一个桩平行跨过，然后按图中线路滑行。

左　右

①

②

双脚交叉跨过第二个桩。

左

右

双脚在后退滑行过桩时动作会不断地变幻花样，无形中增加了滑行的难度。在滑行的过程中，玩家需要侧转过身来，以便看清楚身后的花桩，避免滑歪，防止滑到花桩外边去。

③

当滑过第二个桩后，双脚迅速分开准备平行跨过第三个桩。再交叉跨过第四个桩。

左

右

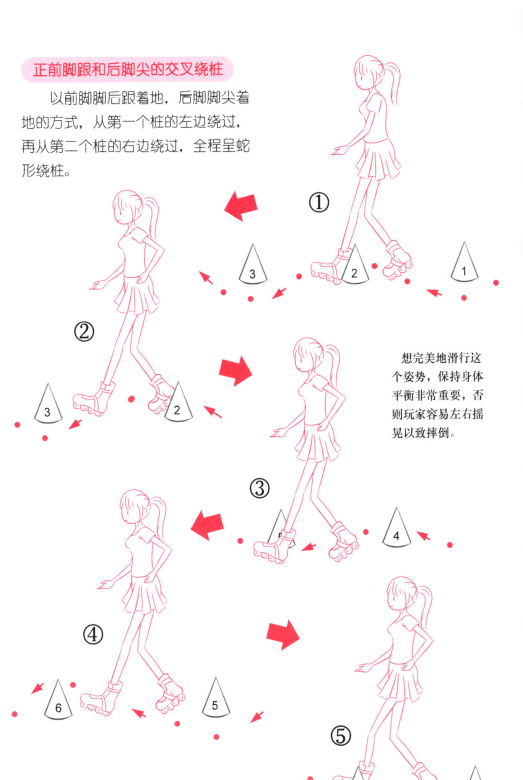

正前脚跟和后脚尖的交叉绕桩

以前脚脚后跟着地，后脚脚尖着地的方式，从第一个桩的左边绕过，再从第二个桩的右边绕过，全程呈蛇形绕桩。

①

②

想完美地滑行这个姿势，保持身体平衡非常重要，否则玩家容易左右摇晃以致摔倒。

③

④

⑤

15

反单脚蛇形绕桩

　　身体背向桩，以后退的**方式**，一只脚着地，另一只脚抬起，从第一个桩的左边绕过，再从第二个桩的右边绕过，然后左右、左右重复第一个和第二个动作，全程呈蛇形绕桩。

① ②

　　玩家背对着花桩，滑行中身体需稍微扭转，以便回头看清楚花桩的位置。

③

　　为便于初学的玩家在学习中容易辨认，特地将花桩涂成两种颜色，从左绕白色花桩，从右绕彩色花桩。

双脚脚后跟相对，脚尖往两边撇开呈一字并列状，先从第一个桩的左边绕过，再从第二个桩的右边绕过，全程呈蛇形绕桩。

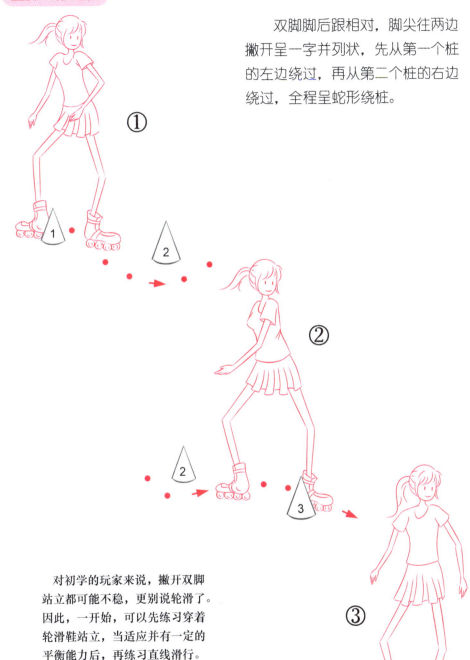

对初学的玩家来说，撇开双脚站立都可能不稳，更别说轮滑了。因此，一开始，可以先练习穿着轮滑鞋站立，当适应并有一定的平衡能力后，再练习直线滑行。经过训练感觉已经掌握了基本技巧后，就可以练习 S 形过桩了。

双脚倒交叉绕桩

　　这套动作比较复杂，是由两种动作组成的。开始时，身体背向花桩，第一个动作是双脚以后退的方式前进，右脚在前，左脚在后地交叉状跨过第一个桩；在做第二个动作之前，先在两桩之间转身，双腿分开跨过第二个桩，再次准备做第一个动作之前，还要转身背向花桩，然后将双脚变成右脚在前，左脚在后的姿势，呈前后交叉状准备绕过第三个桩，依此次序滑完全程。

　　第一个动作是背向花桩，双脚的姿势是右脚在前，左脚在后成交叉形状，滑过第一个花桩。

　　当滑完第一个花桩以后，立刻在原地做一个转身动作，右脚向前，左脚稍向后并调整方向。

　　在准备做第二个动作前，在原地转身的同时左脚向后滑动，右脚向前滑动。

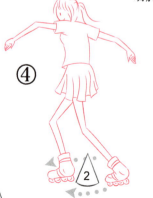

　　第二个动作是用右脚在前，左脚在后的交叉姿势从花桩的两边跨过。

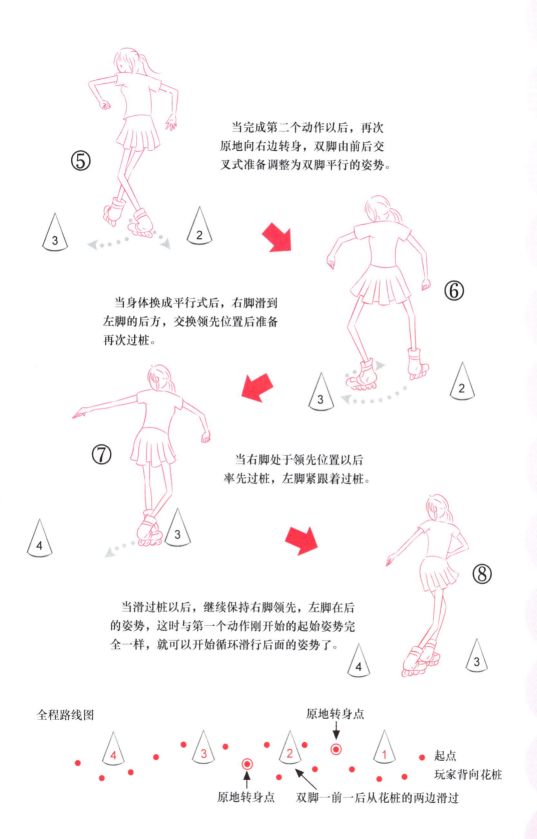

⑤

当完成第二个动作以后，再次原地向右边转身，双脚由前后交叉式准备调整为双脚平行的姿势。

3　2

⑥

当身体换成平行式后，右脚滑到左脚的后方，交换领先位置后准备再次过桩。

3　2

⑦

当右脚处于领先位置以后率先过桩，左脚紧跟着过桩。

4　3

⑧

当滑过桩以后，继续保持右脚领先，左脚在后的姿势，这时与第一个动作刚开始的起始姿势完全一样，就可以开始循环滑行后面的姿势了。

4　3

全程路线图

原地转身点

4　3　2　1　起点
玩家背向花桩

原地转身点　双脚一前一后从花桩的两边滑过

正交叉外—顺时针绕桩变倒交叉内—逆时针绕桩

身体背向花桩，以后退的姿态左脚在前，右脚在后绕过第一个桩，然后侧转身前后脚交换后绕过第二个桩，再转身以前进状双脚一前一后绕过第三个桩，再以后退状双脚一左一右平行绕过第四个桩，再以双脚一起从同一边绕过第五个桩。以此类推滑完全程。

双脚呈马步状，左脚在前，右脚在后从花桩的右侧绕过花桩。

当滑过第一个花桩后，全身向右后转，同时右脚向后滑，左脚向前滑，双脚进行前后位置的交换。

身体转过来之后，右脚再次发力滑到前方，准备绕第二个花桩。

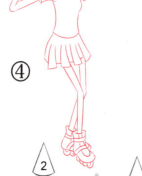

当全身转为正面朝向花桩后，右脚也及时滑到左脚的前面，双脚一起绕过第二个花桩。

在滑完第二个花桩以后，立即转身，左脚向前滑，右脚向后滑，进行位置的交换。

当全身又变成背向花桩以后，双脚平行跨过第三个花桩。

在滑完第三个花桩后，再次将右脚向前，左脚随后滑过第四个花桩。

在绕过第四个花桩以后，用相同姿势再以 S 形路线滑向第五个花桩，至此一组动作完成。接下来再循环进行第一个动作。

这个动作看起来比较难，但仔细分解来看，它其实就是不同花式的组合排列，每绕一个桩时就换一种绕桩的方法而已，玩家只要很好地掌握基本的绕桩方法，这个动作就可以轻而易举地完成了。

平花比赛时，每当音乐响起，玩家们在地桩中飞快地穿梭，轻盈的动作犹如飞燕。裁判们在规定时间内，依据参赛者过桩的速度和技巧的流畅程度进行打分。也有双人比赛，两个参赛者相互配合，动作要求同步，这无形中增加了滑行的难度，但也使得比赛更精彩、更具看点。

花样轮滑

花样轮滑分单人花样轮滑和双人花样轮滑。玩单人轮滑的玩家，需要具备一定的舞蹈或体操基础。如果参加比赛，动作的编排非常重要。而要想滑好双人轮滑，

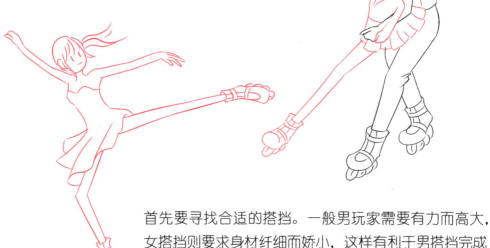

首先要寻找合适的搭挡。一般男玩家需要有力而高大，女搭挡则要求身材纤细而娇小，这样有利于男搭挡完成托举动作。双人花样轮滑的两位搭挡需经过长期磨合、训练，他们动作的配合才能达到默契的程度，俩人的舞蹈表演才能尽善尽美。

极限轮滑

极限轮滑也叫特技直排轮。极限轮滑一开始只是玩家利用街道上现成的马路牙、陡坡、台阶、水泥管和铁围栏来玩。后来出现专业轮滑场地，在专业场地上分布着各种道具，包括

一段路边的矮墙也无法阻挡轮滑玩家飞越而过。

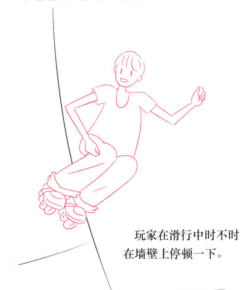

玩家在滑行中时不时在墙壁上停顿一下。

台阶、栏杆和大大小小的各类 U 型池。玩家在这些道具上做出倒立、疾飞、转身、空翻等高难动作。极限轮滑后来发展成正式比赛项目，在比赛中设立道具场地赛和 U 型池场地赛两种。

极限轮滑是一些年轻玩家的最爱，他们不断地挑战高难度，经过刻苦地训练，在不同的地形上滑出各种优美的姿态，旁观者不禁感叹，他们的极限到底在哪里。

路边的铁栏杆也是玩家最喜爱的展示滑行技巧的道具。

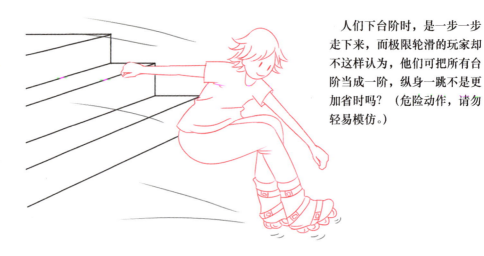

人们下台阶时，是一步一步走下来，而极限轮滑的玩家却不这样认为，他们可把所有台阶当成一阶，纵身一跳不是更加省时吗？（危险动作，请勿轻易模仿。）

4 小 结

　　轮滑游戏非常符合人们的健康理念，它是一种健康的休闲方式。轮滑不仅锻炼了身体的循环系统和呼吸系统，全身的各个关节和肌肉也会得到充分地运动，更增强了玩家的平衡能力。

　　除此之外，它可以消除人们一天工作的疲劳，使人们的心情得到充分放松。实际上，玩家通过该游戏还可以达到意想不到的减肥效果。

　　在城市广场和街心花园中，只要是一块平整的场地，都可以玩轮滑游戏。玩家可以在一起切蹉技艺并组队比赛，在玩的过程中，还可以交到很多好朋友。
（玩的时候一定要注意安全哦！）

滑板

1 认识游戏

滑板是从海上冲浪的冲浪板衍生出来的。虽然它的雏形非常笨重，但还是引起众多玩家的兴趣。经过人们数十年的不断改造，在 20 世纪 70 年代终于定形为现在的模样。滑板运动一问世，就无可争议地成为那个年代极限运动的鼻祖。在充满刺激性的滑板运动带动下，玩家也向各类新兴运动发起挑战，形成了一股极限运动的大潮。

2 游戏的场地和用具

在玩陆地滑板的初期，玩家没有固定的场地，他们流连相对平坦的柏油马路街边。在滑行中，为了展示一些个人技巧，不仅就近利用马路牙子和铁栏杆进行滑行表演，还利用无水的游泳池的圆弧池底滑行。后来滑板从游戏走向竞技运动，人们就开始修建专业场地，有斜坡、台阶、花坛边、铁栏杆和 U 形槽等各种障碍物。

滑板分玩具板和专业板两大类。初学的玩家一般选用玩具板，但一定要配齐护具，包括：护膝、护腕、护肘和头盔。在选择滑板鞋时，尽量挑选轻薄的聚胺脂鞋底和结实耐磨的牛皮面鞋，也有出售专业滑板鞋的商家。滑板玩家的着装以休闲服装为主。

玩家在真正喜欢上滑板运动以后，就可以换用专业板来玩了。由于要学做各种难度动作，用具的强度也随之提高。玩的花式不同，滑板的质量指标也不相同。

玩家选择一款适合自己的滑板很重要，这就要先来认识滑板的结构。

滑板主要由板面、砂纸、桥（支架）、PU、轮子、桥端螺母、桥钉、缓冲垫、轴承等组成。

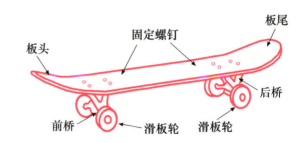

板头　固定螺钉　板尾　后桥　前桥　滑板轮　滑板轮

3 游戏的玩法

接触任何新游戏，都要从零开始学起。只有一步一步地、按部就班地夯实基本功，才能掌握更多更难的技巧动作。当你用羡慕的眼光看着玩家们轻而易举地完成各种极限动作时，就不难发现，在极其复杂的花样里，都能看到最基本动作的影子。万事开头难，只要经过刻苦地训练，就一定能达到理想的境界。

热身准备

主要做一些肌肉的拉伸运动（按四八拍做动作）：

双手交叉扭动手腕。

头部运动，玩家以脖子为轴心，使头部向前、向后、向左、向右运动，最后进行头部旋转运动。

双手扶在腰部，让腰部左右运动，然后做转身运动。

人坐在地上，两个脚心相对，双手抱住双膝，上身往下压。

人站立，交替做脚腕的扭动。

人坐在地上，伸出一条腿，身体向所伸出腿的方向做下压动作。

双手手指交叉在一起，手心向下，身体前倾，向前弯腰，双手够地。

热身时做腿部的拉伸运动，可大大避免腿部肌肉的损伤。

前后脚

在学上法之前，首先要弄明白自己的前脚是左脚还是右脚，因为在很多游戏中，都会遇到这个问题。确认自己前脚的方法是：你站在原地，另一个人在你毫无防备的情况下，在你的后面推你一下，你会不由自主地往前迈出一步。这时，你先迈出的那只脚，就是你的前脚。也有的玩家将前脚称为正脚，后脚称为反脚。

后脚

前脚

基本站姿

站到滑板上的方法有两种，第一种是前脚竖直朝向板头，后脚横放板尾。第二种是前脚和后脚并排横放板上。无论用哪种方法，身体的重心都在中间，太靠前或太靠后都容易摔倒。

玩家在使用滑板时到底采用哪种姿势站立，主要取决于玩家要做哪种动作。

第一种站法是前脚直竖朝向板头，脚尖放在前桥螺钉处，后脚横放在后桥螺钉处的板尾。

第二种站法是前脚和后脚并排横放在滑板的前桥螺钉处和后桥螺钉处。

上 法

　　上板的方法有两种，第一种是滑行上板：玩家将前脚踩在滑板前面的螺钉上面，重心放在前脚上，后脚在地面上做向后蹬地的动作，使滑板向前滑行起来，玩家再顺势将后脚踩上滑板的板尾处。

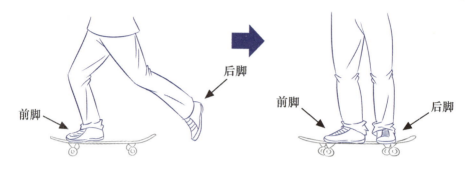

前脚　　　　　　　　后脚　　　　　　前脚　　　　　后脚

　　第二种是跑动中上板：玩家手里拎着滑板的板头处向前小跑。在跑动的过程中，玩家在将滑板扔到地上的同时前脚紧跟着踏上滑板，后脚紧随其后也踏上滑板。滑板在空中还没落地时，前脚就要站上去。

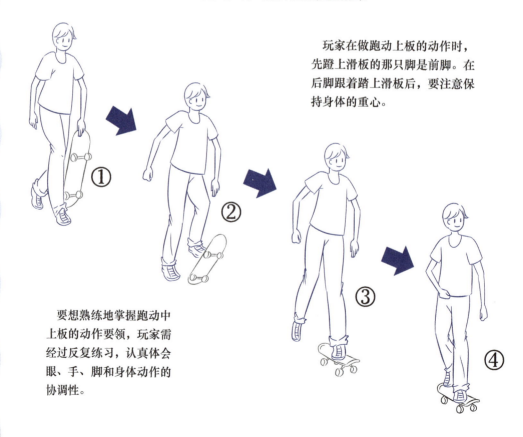

玩家在做跑动上板的动作时，先蹬上滑板的那只脚是前脚。在后脚跟着踏上滑板后，要注意保持身体的重心。

要想熟练地掌握跑动中上板的动作要领，玩家需经过反复练习，认真体会眼、手、脚和身体动作的协调性。

转弯法

玩家可利用自己身体的重心，来完成转弯的动作。先练习转小弯，玩家站在滑板上，身体向后倾，脚尖微微翘起。如果身体向前倾，脚后跟微微翘起。利用这种技术，滑板就可以随意地左右转动。

还有一种技术是利用腰部扭转和后脚压住板尾来控制转弯的方向。

板头
前脚
板尾
后脚

转小弯时，玩家的身体微微向后倾，双脚脚后跟同时用力，脚尖部位稍稍翘起，前脚向后用力，后脚向前送力，使滑板右侧的滑轮悬空，就能顺利完成板头向左方转弯。

如果想让板头往右转弯，身体向前倾，后脚的脚尖用力向回勾，脚后跟略微抬起，使左边的滑板轮悬空，前脚带动向右转。

板尾
板头
后脚
前脚

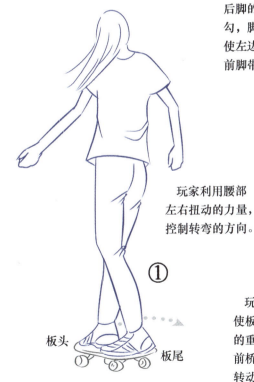

玩家利用腰部左右扭动的力量，控制转弯的方向。

板头
板尾

①

玩家用后脚压住板尾，使板头微微抬起，身体的重心靠前。前脚轻压前桥螺钉处，控制左右转动的方向。

②

板头
板尾

29

停 止

　　停止的技术动作有两种，第一种是脚后跟停止法。第二种是 Power 停止法，这个动作较难掌握，玩家需要在滑板水平达到一定程度时再练习。

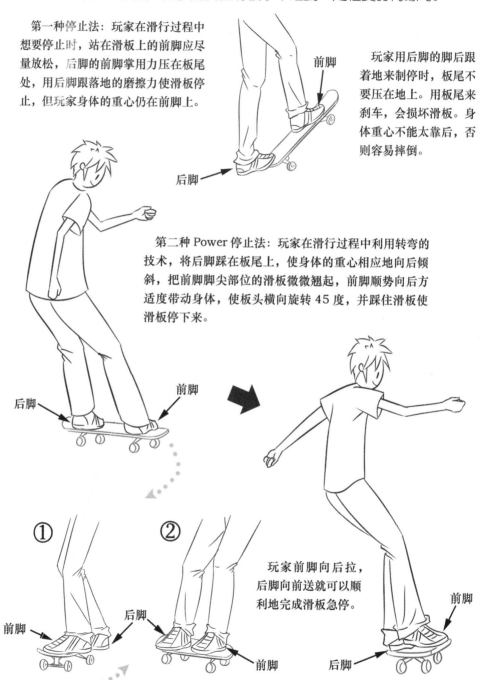

　　第一种停止法：玩家在滑行过程中想要停止时，站在滑板上的前脚应尽量放松，后脚的前脚掌用力压在板尾处，用后脚跟落地的磨擦力使滑板停止，但玩家身体的重心仍在前脚上。

前脚

玩家用后脚的脚后跟着地来制停时，板尾不要压在地上。用板尾来刹车，会损坏滑板。身体重心不能太靠后，否则容易摔倒。

后脚

　　第二种 Power 停止法：玩家在滑行过程中利用转弯的技术，将后脚踩在板尾上，使身体的重心相应地向后倾斜，把前脚脚尖部位的滑板微微翘起，前脚顺势向后方适度带动身体，使板头横向旋转45度，并踩住滑板使滑板停下来。

后脚

前脚

① ②

玩家前脚向后拉，后脚向前送就可以顺利地完成滑板急停。

前脚

后脚

前脚

前脚

后脚

前脚

正脚跳

在滑板中，起跳动作的种类较多，正脚跳是最基本的起跳动作。在后面讲解的各种高难起跳动作中，其基础动作都有正脚跳。正脚跳的动作是双脚一起起跳，由后脚点板，前脚拉板，双脚一起踩板后落地组成。

玩家起跳时，前脚放在滑板中部靠近固定螺钉的外侧，后脚放在滑板的板尾部。站好后，身体前倾，双腿弯曲做起跳的动作。

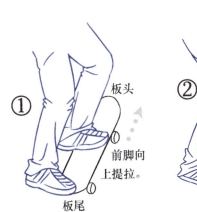

后脚

前脚

板尾 板头

起跳后，玩家用后脚点踏板尾使滑板随后脚的踏点而弹跳起来。当滑板在空中达到最高点时，再用前脚外侧擦着板面向上携拉板面，再用前脚把滑板下压成水平状，后脚跟着一同踩板。

① 板头

前脚向上提拉。

板尾

②

前脚拉到板头位置。

正脚跳是对双脚协调性的严格训练，玩家如能顺利完成正脚跳的动作，你的双脚就已经踏入滑板世界的大门了。

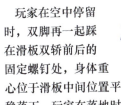

玩家在空中停留时，双脚再一起踩在滑板双轿前后的固定螺钉处，身体重心位于滑板中间位置平稳落下。玩家在落地时，双腿要呈弯曲状，以减轻落地时地面对双腿的冲击力。

31

后脚跳

动作原理跟前脚跳一样，只是把自己的前脚当后脚放在板尾处，而原来的后脚放在板前固定螺钉后。

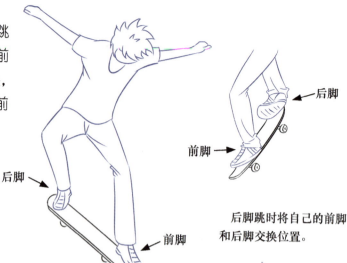

后脚

前脚

后脚跳站姿的重心在滑板中间，玩家的身体要稍微向前倾斜。落地时，双腿也要适度弯曲，避免膝盖受到损伤。

后脚

前脚

后脚跳时将自己的前脚和后脚交换位置。

倒滑跳

这个动作类似后脚跳，玩家先将板尾朝前放在地上，起跳时前脚放在板尾处，后脚放在板前端螺钉处。

玩家双脚站上滑板，在准备起跳时，先把前脚放到板尾，把后脚放在滑板中间。

①

起跳时，玩家用前脚点踏板尾翘起的部位，滑板被弹起后，后脚顺势向前携带。

②

当滑板向下降时，玩家顺势用后脚把滑板下拉成水平状态。

③

④

在滑板着地时，玩家双腿微微弯曲，双脚站在双桥的螺钉处，这个动作完成后玩家可以继续滑行。

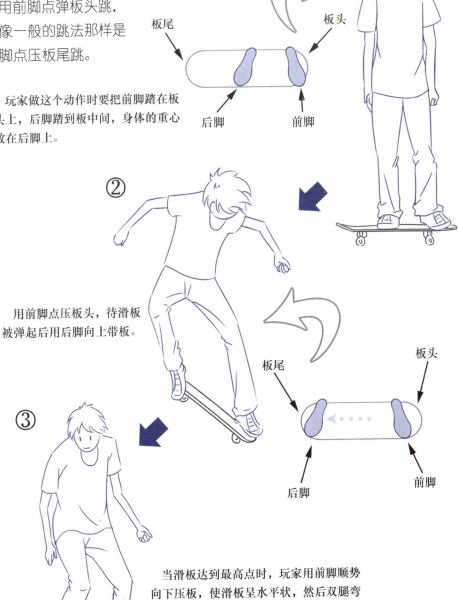

这个动作和正脚跳的动作很像。不同之处就在于是用前脚点弹板头跳，而不像一般的跳法那样是用后脚点压板尾跳。

① 板尾 板头 后脚 前脚

玩家做这个动作时要把前脚踏在板头上，后脚踏到板中间，身体的重心放在后脚上。

② 用前脚点压板头，待滑板被弹起后用后脚向上带板。

板尾 板头 后脚 前脚

③ 当滑板达到最高点时，玩家用前脚顺势向下压板，使滑板呈水平状，然后双腿弯曲，双脚分别踩在滑板的双桥螺钉处落地。

外跳转

这是一个在跳起后带板向左转身180°后再平稳落地的动作。

①

如果玩家的前脚是左脚，做准备动作时，前脚站在滑板靠前的位置，前脚脚尖背部稍向滑板内部倾斜，后脚侧站在板尾处。

起跳时全身下蹲，后脚用力点踩板尾，使滑板弹起，身体同时利用反弹力起跳。

②

利用反弹的力量紧跟着起跳，这时，后脚用力点板尾，让滑板弹起。

③

初学的玩家不要急于立见成效，刚开始时，可试着先转90°，再慢慢转满180°。

玩家利用腰部的力量做向左后方转身180°的动作。前脚在向上牵拉板面的同时向左后方旋转，后脚及时向同一方向旋转，辅助前脚的运动。

④

在转身的过程中滑板跳到最高点，前脚再把滑板拉成水平后准备落地。

需要注意的是，玩家在空中转体时要控制好身体的平衡，上身稍向前倾，身体的重心在中间。

⑤

落地时双腿一定要稍稍弯曲，双脚要踩在滑板前后的螺钉处，这样才能最大限度地减少地面冲击力对腿造成的损伤。

起跳前脚的站位

内跳转

这是一个以前脚为轴心的跳起转体动作。

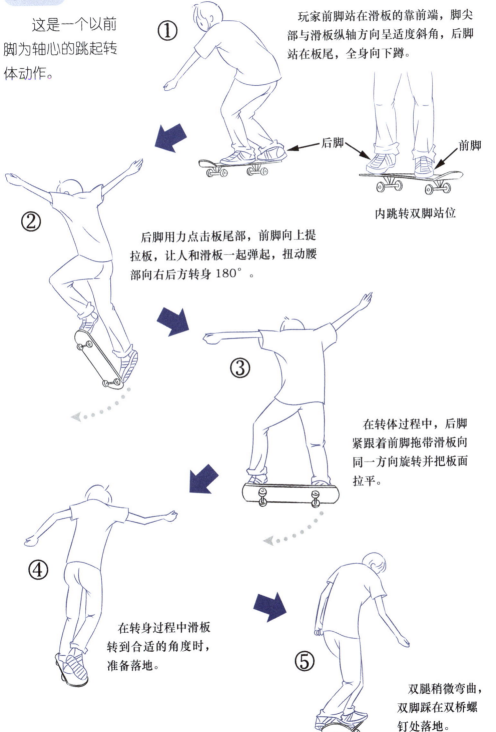

① 玩家前脚站在滑板的靠前端，脚尖部与滑板纵轴方向呈适度斜角，后脚站在板尾，全身向下蹲。

后脚 前脚

内跳转双脚站位

② 后脚用力点击板尾部，前脚向上提拉板，让人和滑板一起弹起，扭动腰部向右后方转身180°。

③ 在转体过程中，后脚紧跟着前脚拖带滑板向同一方向旋转并把板面拉平。

④ 在转身过程中滑板转到合适的角度时，准备落地。

⑤ 双腿稍微弯曲，双脚踩在双桥螺钉处落地。

35

踢 翻

　　这个动作也叫前脚尖踢翻，是利用前脚尖将滑板踢翻，在空中向内翻转一圈。

①

起跳前，玩家将前脚踏在前桥螺钉处，与滑板纵轴方向呈适度斜角，后脚站在滑板板尾翘起处，身体略微前倾。

后脚　　　前脚

②

起跳时，身体向下蹲，后脚用力点击板尾，前脚向上带板并向前踢。

③

滑板在前脚的踢转下，向内翻板旋转一圈。

④

在滑板旋转了一圈后，做好收腿接板的动作。

⑤

当滑板在空中旋转到板面向上时，后脚先接板，当滑板拉平后，双腿屈膝，双脚落在双桥螺钉处，这样做能有效减少地面对双腿的冲击力。

脚跟踢翻

这是一个用前脚跟踢板头，让滑板往内翻转一圈的玩法。

①

玩家将前脚放在滑板中间靠前的位置，脚尖站在滑板边缘，脚后跟处于悬空状态，后脚放在板尾处，脚尖踮站在滑板上，脚后跟悬空。

前后脚的脚后跟都处于悬空状。

②

玩家起跳前，身体重心向后倾，起跳时身体用力下蹲，后脚用力向下点击滑板使其跳起，前脚顺势向倾斜的滑板板头方拉板，前脚从板头后边处斜向踢出，让滑板在空中向内翻板。

前脚

后脚

③

滑板被踢翻后在空中向内翻转一圈。

④

当滑板跳起向内翻转半圈时，前脚脚底部先落板，后脚接着在落板时，也及时用脚外侧控制住滑板，双脚在滑板落地时分别踩在滑板前后桥螺钉处。

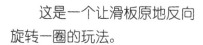

这是一个让滑板原地反向
旋转一圈的玩法。

玩家的前脚站在板头前桥
螺钉处，脚跟稍向后移，脚
跟悬空。后脚站板尾处，脚
尖踮站在板的边缘处。

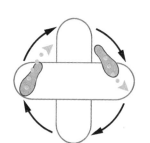

双脚在滑板上的站
位和用力方向，滑板
腾空逆时针旋转。

① 前脚

后脚

②

起跳时，前脚向前推板头，后脚
脚尖向后拉板尾。起跳后，后脚做
向回带并拉板的动作，确保滑板在
玩家起跳后，能有效地在空中逆时
针旋转一圈。

③

当滑板平转完一圈后，玩家双脚落在滑板的前后
桥螺钉处，身体稍前倾，双膝略弯曲，确保落地时
地面对玩家膝盖的冲击力减到最小。

前脚转板

这个动作的特点是，玩家前脚带板向右前方顺时针转身一圈。

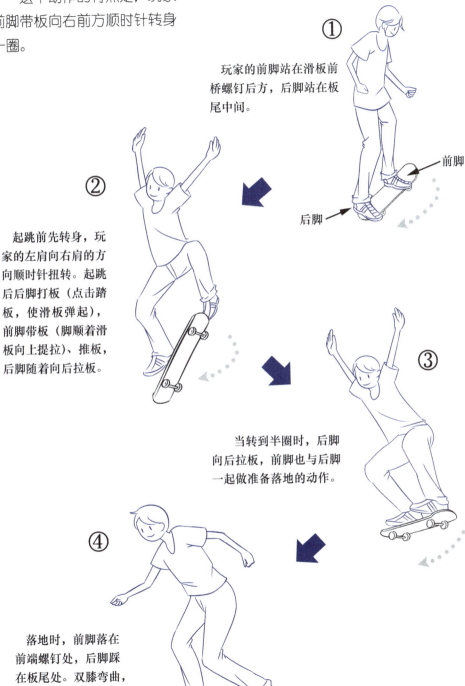

① 玩家的前脚站在滑板前桥螺钉后方，后脚站在板尾中间。

前脚

后脚

② 起跳前先转身，玩家的左肩向右肩的方向顺时针扭转。起跳后后脚打板（点击踏板，使滑板弹起），前脚带板（脚顺着滑板向上提拉）、推板，后脚随着向后拉板。

③ 当转到半圈时，后脚向后拉板，前脚也与后脚一起做准备落地的动作。

④ 落地时，前脚落在前端螺钉处，后脚踩在板尾处。双膝弯曲，以减缓地面对双脚的冲击力。

后脚转板

这个动作是脚带滑板与身体一起向右前方逆时针同时旋转。

① 玩家的前脚放滑板中端靠前，后脚放板尾中部，双脚用脚尖踩板。

前脚　　后脚

② 起跳前，左肩先向左后方逆时针转身，后脚点击板尾，前脚拉板的同时向前推板。

在转身时，左脚向后拉板，右脚向前推板。

③ 当滑板逆时针转到半圈时，前脚将板拉平。

④

⑤ 落地时，双脚分别踩在前后桥螺钉处。双膝弯曲，能较好地起到缓冲的作用。

外跳转踢翻

这个动作的要点是身体起跳后向左后方逆时针旋转一圈，滑板被踢翻后在空中也旋转一圈。此动作难度较大，玩家要想掌握必须勤奋练习。

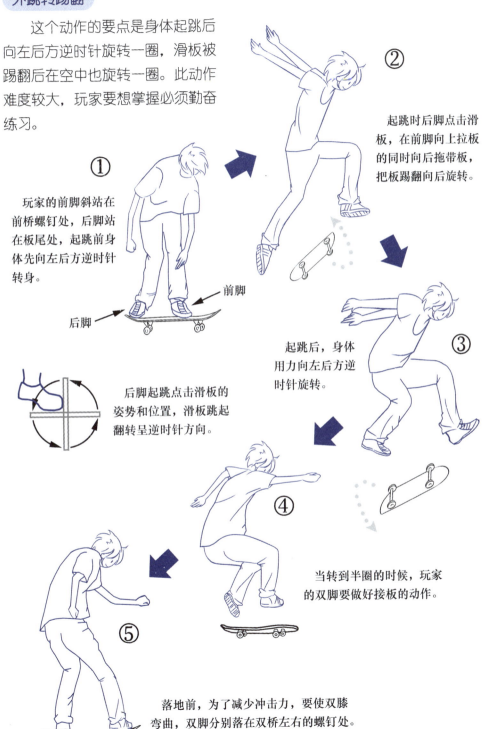

①

玩家的前脚斜站在前桥螺钉处，后脚站在板尾处，起跳前身体先向左后方逆时针转身。

前脚

后脚

②

起跳时后脚点击滑板，在前脚向上拉板的同时向后拖带板，把板踢翻向后旋转。

后脚起跳点击滑板的姿势和位置，滑板跳起翻转呈逆时针方向。

③

起跳后，身体用力向左后方逆时针旋转。

④

当转到半圈的时候，玩家的双脚要做好接板的动作。

⑤

落地前，为了减少冲击力，要使双膝弯曲，双脚分别落在双桥左右的螺钉处。

内跳转踢翻

这个动作的要点与外跳转正好相反，起跳后身体向右后转，前脚踢板向内旋转一圈。

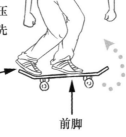

① 玩家的前脚斜站在前桥螺钉处，后脚前脚掌踩压在板尾处，起跳前右肩先用力向后顺时针旋转。

后脚 ←

前脚 ↑

② 起跳时，后脚前掌用力向下踏压板，前脚拉板。

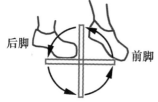

后脚

前脚

前脚回勾和后脚点击滑板的姿势和位置，滑板跳起翻转呈逆时针方向。

③ 利用后脚的推力和前脚向内带的力，使滑板向内逆时针翻转一圈。

④

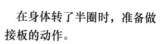

在身体转了半圈时，准备做接板的动作。

⑤

滑板落地前，双脚落在滑板上，前后脚同时踩在双桥螺钉处，双膝弯曲，以缓冲地面冲击力。

踢翻 360°

这个动作在滑板中难度较高，玩家在起跳后，要将滑板踢翻顺时针旋转两圈。

起跳时身体重心向前倾，后脚用力向下踩压板尾部，同时用脚跟部拨板，前脚搓拉板使滑板顺时针旋转起来。

① 玩家前脚放在滑板中间稍靠前处，后脚尖踩压的板尾右侧，脚尖露在板缘外边。

起跳得越高越好，身体的重心也尽量向前倾。

当跳到最高点时，两腿尽力向两边撇开，好让滑板在两腿之间顺利地顺时针旋转两圈。

适时地做好收腿动作，前脚先接板（指前脚踏上滑板后并控制滑板的旋转方向）。

后脚紧跟着踩板，落地时双脚分别踏在双桥螺钉处，双膝弯曲，尽量减轻地面对双腿的冲击力。

随着滑板技术的不断提高，玩家开始不满足于在平地的滑行，他们开始寻找可供滑行的载体，如城市广场的花坛边沿、街道上的铁制栏杆等，都成为玩家挑战和追求刺激的场所，给他们带来新鲜感和满足感，促使更多玩家纷纷加入征服者的行列。

为了满足玩家的需求，有些城市已经开始修建极限运动场所，如斜杆、直杆、台阶、U形槽和硬化场地等。

滑斜杆

原来是阶梯扶手的铁栏杆，却被极限玩家赋予了新的功能。玩家从高处带滑板跳上铁制斜杆正面向下滑，或是从高处带滑板跳上铁制斜杆侧身向下滑。

正向和侧向滑斜杆，主要区别在于脚在滑板上站位的方法。

正向滑斜杆

玩家的双脚平行地站在滑板前后双桥螺钉处。

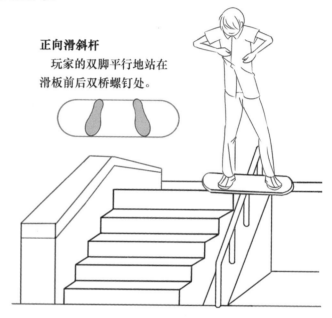

侧向滑斜杆

玩家双脚向同一方向斜撇着站在滑板前后双桥螺钉处。

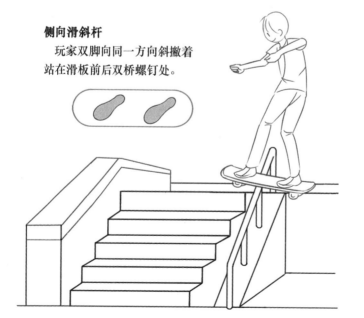

要想掌握好滑斜杆的动作，一定要先学会在平地上滑平杆的技术，再练习滑斜杆。

在滑行时，玩家要控制好重心，提高身体的平衡能力。

滑横杆

极限游戏场所的横杆采用高强度钢管制成，按不同的高度在专门场地上构建而成。城市街边的扶手栏杆也成为玩家喜爱的滑行练习器具。

玩家从远处速滑至滑杆边，用正脚跳的方法携带滑板跃上滑杆杆头。

上杆后，利用惯性的力量，滑板的板身跨在滑杆上滑行。

另一种玩法是背向跃上滑杆滑行，它的技术难度相当高，请玩家在达到一定的水平之后再练习这个动作。

滑双桥

双桥是指滑板板身下面安装前后滑轮的两个钢架,滑双桥时,是将滑板竖着搭在滑杆上,利用前后桥架来进行滑行。滑板纵轴与滑杆纵轴方向保持一致。

①

玩家从较远处快速滑至滑杆旁,纵身一跃,从正面带板跳上滑杆。

②

跳上滑杆后,将前后桥搭在滑杆上滑行,注意控制身体的平衡。

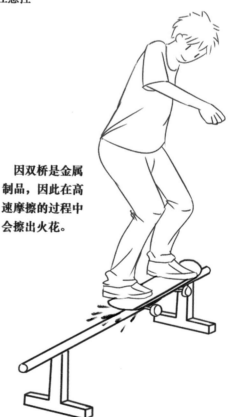

③

因双桥是金属制品,因此在高速摩擦的过程中会擦出火花。

在滑到滑杆的杆尾时,后脚可点压板尾,利用正脚跳的动作跃下滑杆。

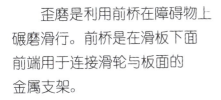

歪 磨

歪磨是利用前桥在障碍物上碾磨滑行。前桥是在滑板下面前端用于连接滑轮与板面的金属支架。

在高台的边缘滑前桥时，身体的重心在前脚，前脚压住板头，板尾部翘起，离开地面。因为是滑前桥，故前桥搭在台子边缘上，而后桥滑轮则全部处于悬空状态。

玩家从远处加速滑行，以便跃上高台后能利用惯性继续向前滑行。

玩家带板跳上高台后，以正面（身体面向高台方向）的站姿滑行，注意掌握身体的平衡，防止发生跌下高台等意外事故。

滑后桥

后桥是滑板下面连接滑轮与板面的金属支架，安装在滑板下面后端。

玩家跃上高台利用惯性向前滑行时，后脚用力踩压板尾部，使后桥部压在高台的边缘上，前桥上的滑轮呈悬空状态。

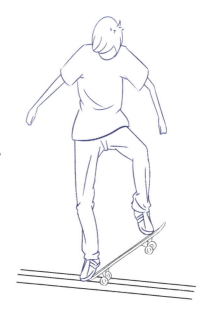

47

滑唇

　　滑板板身的背面双桥中间的一段叫唇。由于板面是用多层木板压制而成，一定要选用质量较好的滑板，这样才能安全地滑唇。

　　滑唇技术一般在滑水泥高台或滑铁杆时使用。

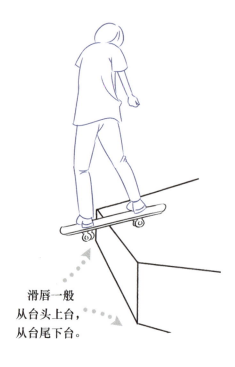

　　滑唇是在跳上高台时，直接将唇搭在高台边缘上，玩家要时刻回头查看唇的滑行线路，防止滑斜。

　　滑唇一般从台头上台，从台尾下台。

　　在滑杆上也可滑唇，在滑行中也可将滑板斜放在滑杆上，一脚在前，一脚在后。

　　玩家在滑杆上滑唇时，也可一脚高，一脚低。经验不足的玩家不要轻易尝试。

　　在水泥高台上，将滑板的板头悬空
并向下倾斜，利用后桥来进行滑行的独
特滑行技术。

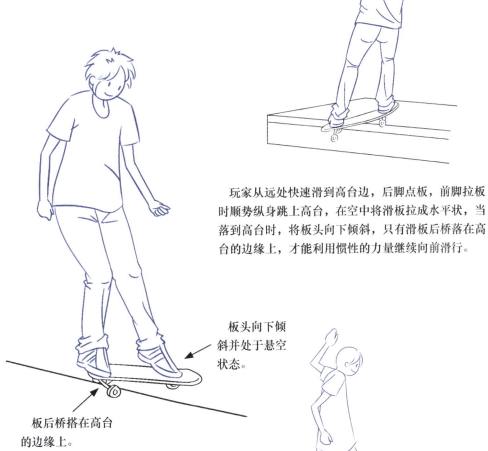

　　玩家从远处快速滑到高台边，后脚点板，前脚拉板
时顺势纵身跳上高台，在空中将滑板拉成水平状，当
落到高台时，将板头向下倾斜，只有滑板后桥落在高
台的边缘上，才能利用惯性的力量继续向前滑行。

板头向下倾
斜并处于悬空
状态。

板后桥搭在高台
的边缘上。

当快要滑出高台时，用
后脚点压一下板尾，将滑
板拉平，双脚一起控制滑
板，双膝弯曲落地。

49

正向滑板尾

滑板的板身是由多层板材压制而成的，板尾部微微向上翘起，滑板尾就是利用这个部位在水泥台上正向滑行。

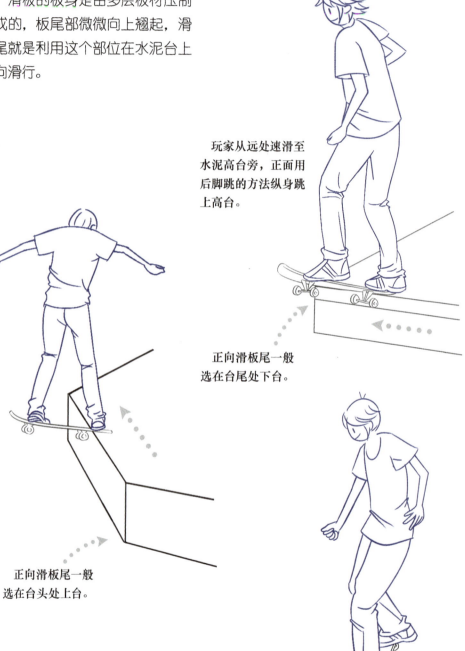

玩家从远处速滑至水泥高台旁，正面用后脚跳的方法纵身跳上高台。

正向滑板尾一般选在台尾处下台。

正向滑板尾一般选在台头处上台。

玩家上台后，后脚轻踩板头悬空，前脚踩着板尾着地并利用惯性向前滑行。

反向滑板尾

滑板的板身分别称为板头、板尾和中部，玩家将这些位置作为单独滑行的部位。

反向滑板尾，就是跳上高台时以倒退的方式滑行。

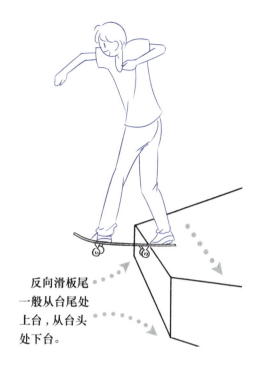

反向滑板尾一般从台尾处上台，从台头处下台。

反向滑板尾，由于采用倒退的滑行方式，用后脚跳的姿势从台尾上台，在空中调整姿势，用后脚压住板尾使其落在高台边缘上。在接近台头时，前脚顺势将板拉平，用后脚转板跳的方法跳下高台，在接近地面时双膝弯曲，以减轻地面对双腿的冲击。

背向滑板鼻

　　滑板的板头和板尾部都微微上翘，板鼻就是板头翘起的部位，玩家利用板鼻来摩擦滑行。

　　滑板鼻的技术一般在水泥台上滑行时使用。

　　玩家从远处速滑到高台边，用正脚跳的方法从台尾处跃上高台，将板鼻搭在高台边缘上，后脚所踩的板尾则悬空在外。

　　背向滑板鼻一般从台尾处跳上台，从台头处跳下台。

　　倒退时滑板鼻，难度相对高一些。玩家在练习倒退动作时，要注意身体的重心在前脚。滑行中要经常回头查看身后即将滑行的路线是否安全。

跳跃障碍

　　在极限运动或极限游戏中，充满各种各样的障碍物。在玩家眼里，一个路边毫不引人注目的物体，都会是他们想挑战的对象。

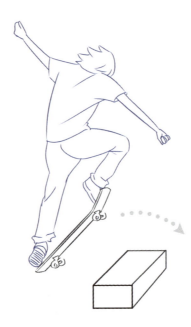

　　跳障碍物，一般采用正脚跳技术就能一跃而过。一些较有经验的玩家，也可以尝试用其他动作。

　　玩家想掌握跳跃障碍物的技术，先要找一些矮小的障碍物来练习，等熟练掌握动作要领后，再挑战其他障碍物。

跳台阶

玩家喜欢挑战不同的障碍物，随处可见的台阶也成为他们的选择。一般是从较高处的平台向台阶下的地面跳跃。

不是所有的台阶都可以用来跳的。要选择那些顶层处有较宽敞的平台，层级又不能过多的台阶。

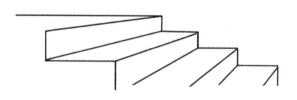

玩家在跳之前，需先在高台处加速滑行到台阶边缘，再纵身一跃。在着地时注意双膝弯曲，以减轻地面对双腿造成的冲击。

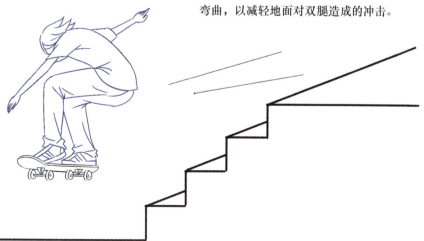

下弧面滑行

　　滑U形槽是玩滑板游戏的重要项目，从U形槽的顶端向槽底滑行就是下弧面滑行。

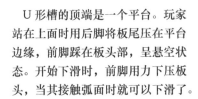

　　U形槽的顶端是一个平台。玩家站在上面时用后脚将板尾压在平台边缘，前脚踩在板头部，呈悬空状态。开始下滑时，前脚用力下压板头，当其接触弧面时就可以下滑了。

　　开始下滑时，身体稍稍前倾，前脚踩实板头部并注意保持身体的平衡。

　　当滑到槽底时，及时调整身体的姿势，继续向前滑行。

上弧面滑行

U 形槽有整体槽和拼装槽两种，两个一样的 U 形槽对着摆放也是很好的 U 形槽。从槽底向槽顶滑即是上弧面滑行。

上弧面滑行在到达弧面平台时有两种停留方法：一是将板唇压在平台边缘上；二是拾板上台面，可稍做休息。

如想在弧面上停留，玩家前脚先蹬上弧面平台，顺手将滑板拾起。

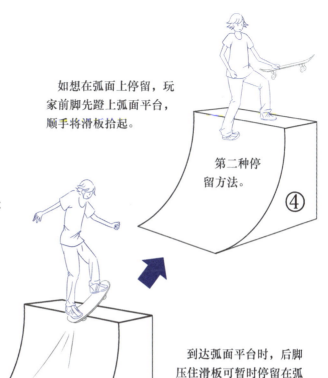

第二种停留方法。

④

到达弧面平台时，后脚压住滑板可暂时停留在弧面的边缘处。

第一种停留方法。

③

在弧面上时，身体的重心在后脚，身体稍往后倾。

②

从槽底向上滑行为上弧面滑行。

①

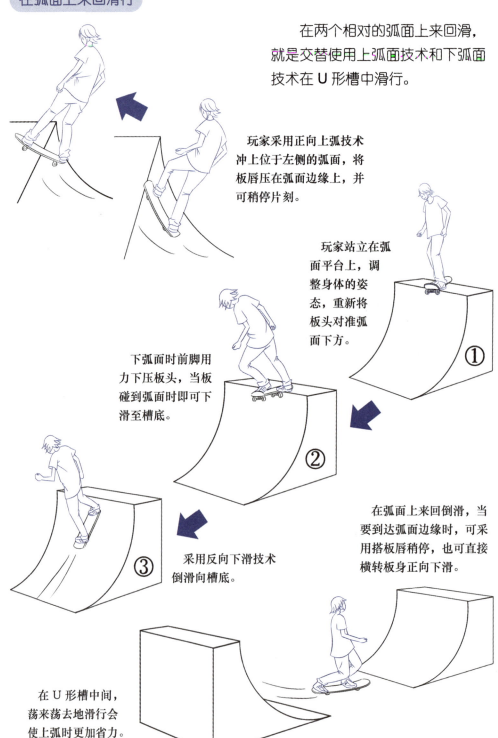

在弧面上来回滑行

在两个相对的弧面上来回滑，就是交替使用上弧面技术和下弧面技术在 U 形槽中滑行。

玩家采用正向上弧技术冲上位于左侧的弧面，将板唇压在弧面边缘上，并可稍停片刻。

玩家站立在弧面平台上，调整身体的姿态，重新将板头对准弧面下方。

①

下弧面时前脚用力下压板头，当板碰到弧面时即可下滑至槽底。

②

③

采用反向下滑技术倒滑向槽底。

在弧面上来回倒滑，当要到达弧面边缘时，可采用搭板唇稍停，也可直接横转板身正向下滑。

在 U 形槽中间，荡来荡去地滑行会使上弧时更加省力。

在弧面做 5-0

这个动作的技术要点是在滑上弧面后，将滑板由竖转横，使后桥斜着卡在弧面的边缘上稍做停留。

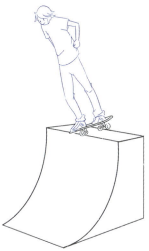

玩家由槽底向弧上滑行，等滑到弧面时，后脚压板，左肩向前方扭转，以板尾为中心做大转身，使滑板后桥卡在弧面边缘处，板头翘起稍停一下，然后将板前下压后再继续向下滑行。

在 U 形槽里来回滑动的过程中，随时可以在左右两个弧面上做 5-0 动作。

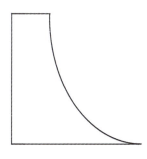

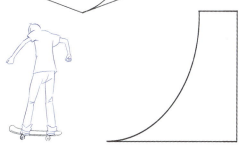

在弧面做 50-50

50-50 是在弧面边缘上将滑板横放，把前后双桥卡在平台边上。

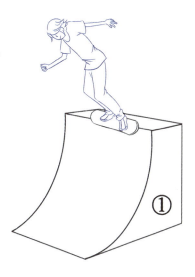

玩家从槽底滑到弧面时，后脚压住板尾前脚和身体一起向左前方旋转，使滑板横向跨在弧面边缘上。想下滑时前脚向下压板头即可继续滑行。

在弧面上反向卡板尾

从弧底反向滑上弧面时，直接将板尾卡在弧面的边缘上，做暂停动作。

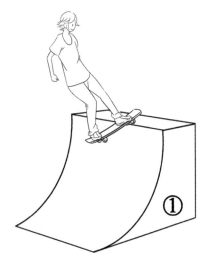

从槽底反向滑上弧面时，后脚直接将板尾压在弧面边缘卡住，待稍停片刻后，转身面对槽底时，前脚将板头下压，身体向下倾斜，即可继续往下滑行了。

在弧面上做正脚跳板

在弧面做正脚跳动作，是弧面跳跃的基本动作之一。

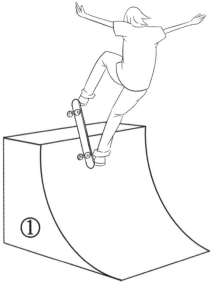

玩家从弧底滑上弧面后做正脚跳，当下落时双脚接板后，反向滑下弧面。

在平地上做外跳转，先要准确完成技术动作，通过不断探索、体验、比较两者的不同之处，玩家才能将这一动作完成得更好。

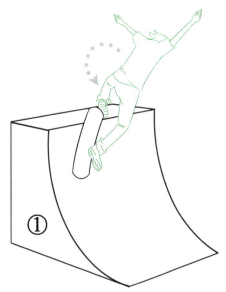

上弧面后起跳前的技术要点是，前脚站在板身靠前的位置，前脚踢板前左肩向后转，前脚顺势拉板，后脚协助推板。

起跳后，左肩向后、转身、扭腰，利用腰部的力量，使前脚带板转身到位。

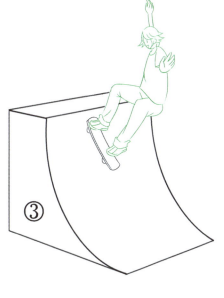

当外跳转的动作完成后，后脚在上，前脚在下，正向滑下弧面。

在弧面上做内跳转

　　在弧面滑行即将接近弧上平台时，做内跳转动作。弧面不像平地，所以脚对板的触觉非常重要，只有做到两者好像粘在一起，滑板好像成为玩家身体的一部分时才能跳转自如。

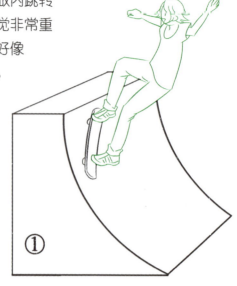

　　正向从弧底向上滑，在将要滑到上台边时，后脚压板并推板，前脚向上拉板并转板。

①

　　玩家将要滑到弧面顶部平台时，做右肩向后转身动作，腰部也向右后扭转，后脚将板拉转到半圈时，前脚向下推板。

②

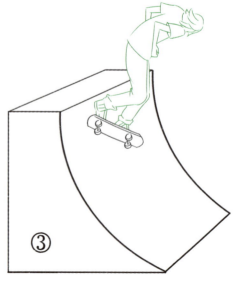

　　当身体从右侧旋转了一圈后，前脚在朝向弧底的位置，后脚在上方，前脚下压做正向下弧面的滑行。

③

向上滑至弧面，当接近平台时，做踢翻动作后反向滑下弧面至弧底。

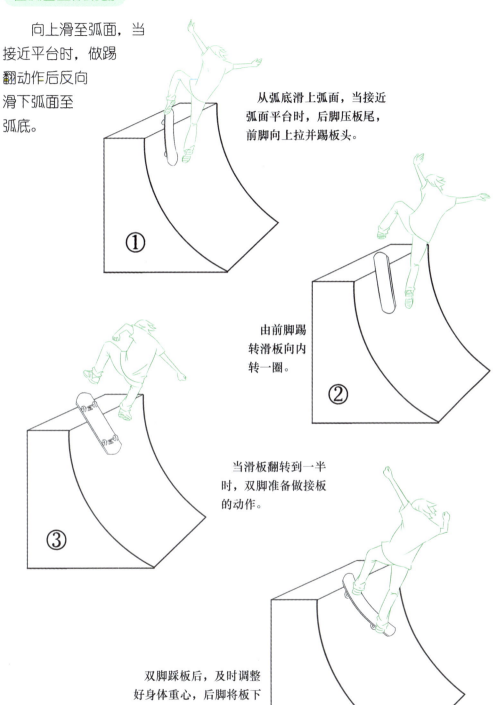

①

从弧底滑上弧面，当接近弧面平台时，后脚压板尾，前脚向上拉并踢板头。

②

由前脚踢转滑板向内转一圈。

③

当滑板翻转到一半时，双脚准备做接板的动作。

④

双脚踩板后，及时调整好身体重心，后脚将板下压反向滑下弧底。

在弧面上跳得更高

要想在弧面上跳得更高，一是上弧面时力度要强；二是在起跳前后脚用力踏压板尾，使起跳时就达到足够的高度，只有这样才能跳得更高。

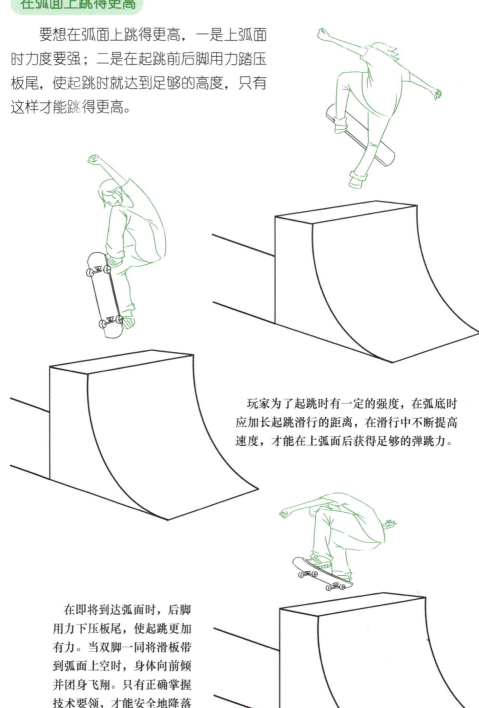

玩家为了起跳时有一定的强度，在弧底时应加长起跳滑行的距离，在滑行中不断提高速度，才能在上弧面后获得足够的弹跳力。

在即将到达弧面时，后脚用力下压板尾，使起跳更加有力。当双脚一同将滑板带到弧面上空时，身体向前倾并团身飞翔。只有正确掌握技术要领，才能安全地降落在弧面后面的平台上。

这是一种随心所欲的玩法。地面
上的小斜坡是障碍物的一种，对熟
练的滑板玩家而言，用任何玩法
都可以一跃而过，无形之中就
成为玩家展示技巧的舞台。

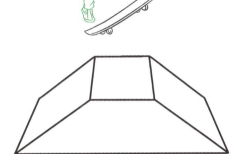

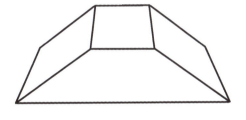

4 小 结

滑板游戏充满刺
激和挑战。玩家要想
正确地掌握基本技术，
最好找一位教练指导
自己训练。当玩家在
游戏中寻找乐趣时，
一定要做好安全防范。
初学者要想使自己的
技术达到较高水平，
一定要勤学苦练。

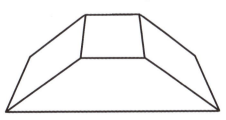

悠悠球

1 认识游戏

　　悠悠球是世界上古老的玩具之一，在希腊出土的公元前五百年的陶器上，就留下人类玩悠悠球的图案。也另有悠悠球起源于中国的说法。在古代，悠悠球曾是人们的狩猎工具，后来又成为民间流行的游戏，被喻为"手指上的舞蹈"。在现代，随着令人目绚的新花式不断出现，玩家的技巧也日益登峰造极。在玩家人数迅速扩大的同时，也催生出不同级别的比赛，当今玩悠悠球的风潮已刮遍世界各地。

悠悠球

2 游戏的场地和用具

玩悠悠球的场地一定要宽敞，要顾及玩家手中线的长度，在悠悠球上下左右来回摆动时，以不误击到其他人或物体为好。

悠悠球的种类基本有三类：一是整体型；二是轴承型；三是离合型。一般情况，玩家都会按自己的熟练程度和玩法，来选择不同款式的悠悠球。

3 游戏的玩法

玩悠悠球的方法可谓五花八门，每年进行悠悠球比赛时，玩家热衷于进行令人眼花撩乱的高难度的技巧表演，创新花式频繁惊现赛场。在这里，只向初学者介绍一些简单的入门技巧。

（1）准备工作

第一，选择一款适合自己的悠悠球，在学玩之前，先要熟悉自己握在手里的宝贝，简单了解一下悠悠球的构造原理、拆装方法、绕线方法和维护技巧。

第二，调整好悠悠球线绳的长度，以适合自己的尺寸要求。如果借用别人的悠悠球来玩，一定要注意线长是否适合自己，因为线的长短直接影响玩的效果。

第三，一切都准备好后，再看看周围的环境是否有一定的空间，符不符合玩悠悠球的要求，当确认没有问题后，就可以放心地玩了。

（2）悠悠球的玩法

第一种：玩家用单手玩；

第二种：玩家左、右手配合一起做绕线造型；

第三种：玩家双手各执一个悠悠球一起玩，多见于高级玩家。

将悠悠球垂直到地面，提绳的手放到肚脐上 10 厘米处，在此处剪断绳子，这就是适合你的长度。

初学的玩家，一定要从基本功练起，循序渐进才能掌握其技巧要领。

睡　眠

睡眠是悠悠球的初级入门动作，想更深入学习其他动作，就要先掌握好这个动作。

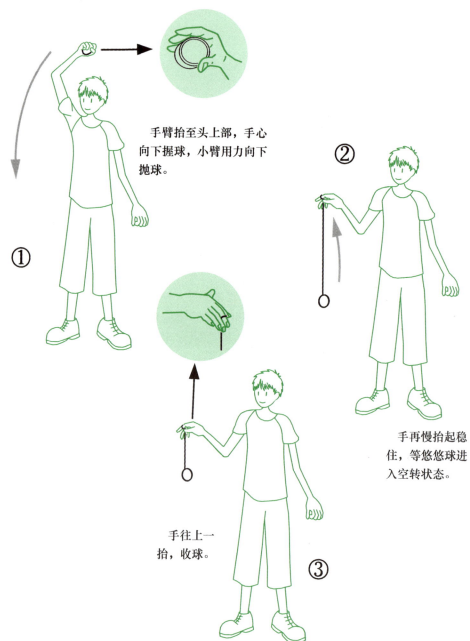

手臂抬至头上部，手心向下握球，小臂用力向下抛球。

②

手再慢抬起稳住，等悠悠球进入空转状态。

手往上一抬，收球。

③

①

爬行和遛狗

爬行和遛狗是指悠悠球在地上滚动好似牵着一只狗在遛狗的感觉。

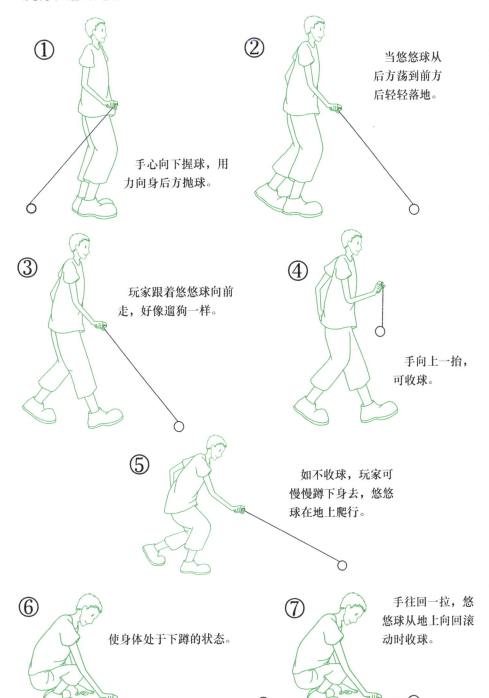

① 手心向下握球，用力向身后方抛球。

② 当悠悠球从后方荡到前方后轻轻落地。

③ 玩家跟着悠悠球向前走，好像遛狗一样。

④ 手向上一抬，可收球。

⑤ 如不收球，玩家可慢慢蹲下身去，悠悠球在地上爬行。

⑥ 使身体处于下蹲的状态。

⑦ 手往回一拉，悠悠球从地上向回滚动时收球。

空中拐角

空中拐角是玩家让悠悠球从身后向上转到身前进行 180°大轮转的玩法。

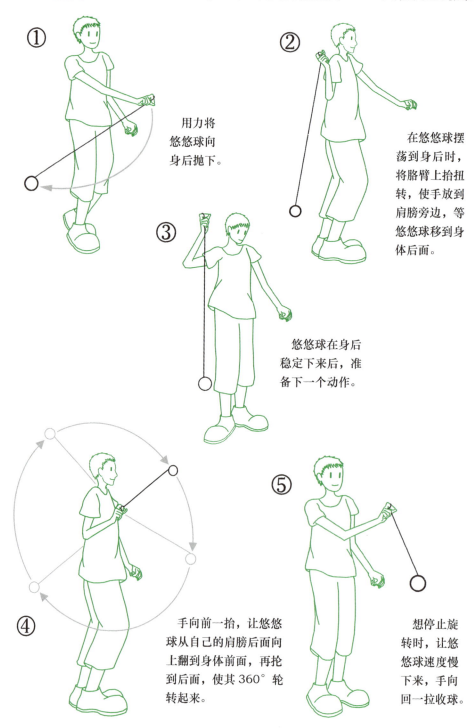

① 用力将悠悠球向身后抛下。

② 在悠悠球摆荡到身后时，将胳臂上抬扭转，使手放到肩膀旁边，等悠悠球移到身体后面。

③ 悠悠球在身后稳定下来后，准备下一个动作。

④ 手向前一抬，让悠悠球从自己的肩膀后面向上翻到身体前面，再抡到后面，使其 360°轮转起来。

⑤ 想停止旋转时，让悠悠球速度慢下来，手向回一拉收球。

高速巴士

高速巴士是指玩悠悠球时加速的玩法。

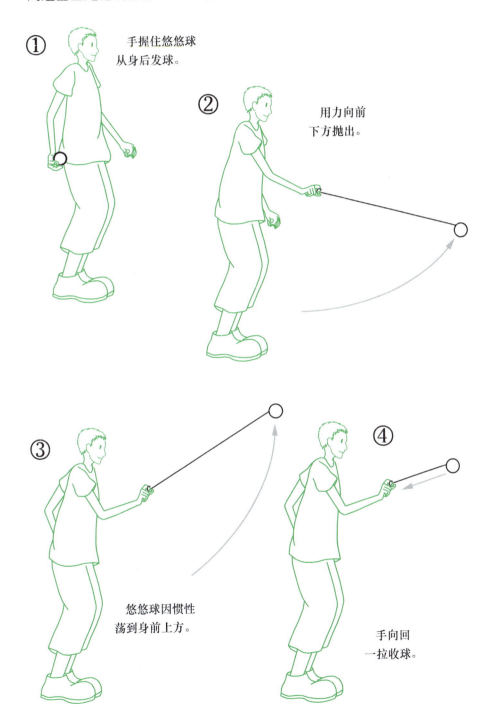

① 手握住悠悠球从身后发球。

② 用力向前下方抛出。

③ 悠悠球因惯性荡到身前上方。

④ 手向回一拉收球。

环绕世界

环绕世界是玩家让悠悠球在身前侧进行 360° 大轮转的玩法。这个玩法动作幅度较大，请尽可能选择在上下左右 2 米内无人、无物且比较空旷的场地来玩，不主张初学者在无人辅导时盲目地玩。

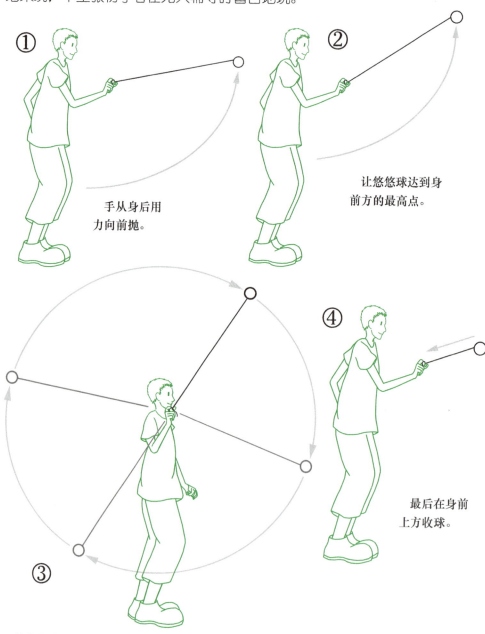

① 手从身后用力向前抛。

② 让悠悠球达到身前方的最高点。

③

④ 最后在身前上方收球。

持悠悠球的手要高于肩膀，利用手腕旋转的力量，用力向下方抢转，使悠悠球呈现 360° 不停地轮转，绳子要一直处于紧绷的状态。

翻跟头

翻跟头是玩家在能熟练掌握收放悠悠球线绳的长度时才能尝试的玩法。玩家通过练习，比比看谁能绕得圈数多而不失误。

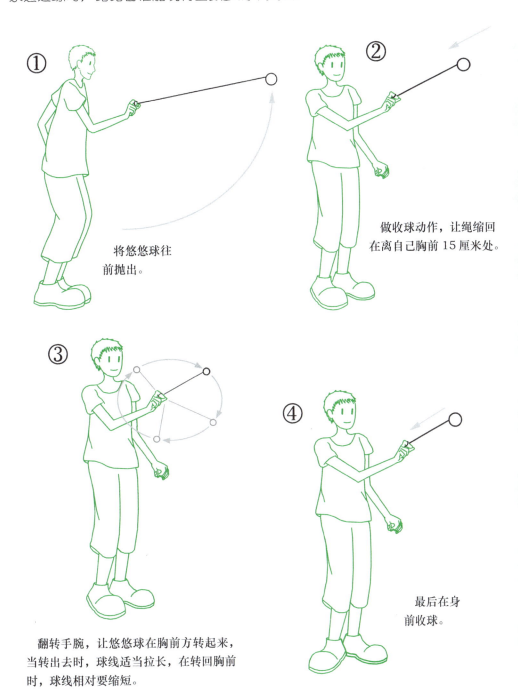

① 将悠悠球往前抛出。

② 做收球动作，让绳缩回在离自己胸前 15 厘米处。

③ 翻转手腕，让悠悠球在胸前方转起来，当转出去时，球线适当拉长，在转回胸前时，球线相对要缩短。

④ 最后在身前收球。

挣脱是玩家让悠悠球在自己的身前下方左右摆动的玩法。

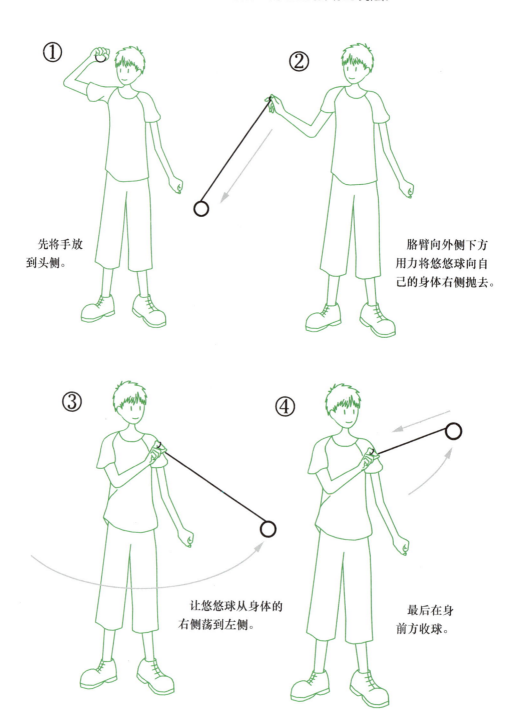

① 先将手放到头侧。

② 胳臂向外侧下方用力将悠悠球向自己的身体右侧抛去。

③ 让悠悠球从身体的右侧荡到左侧。

④ 最后在身前方收球。

眩晕的秋千

眩晕的秋千是一种用双手配合编织悠悠球绳的玩法。

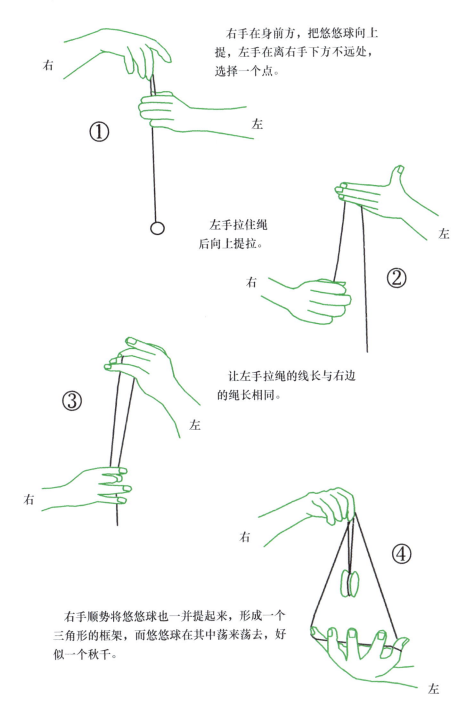

右手在身前方，把悠悠球向上提，左手在离右手下方不远处，选择一个点。

左手拉住绳后向上提拉。

让左手拉绳的线长与右边的绳长相同。

右手顺势将悠悠球也一并提起来，形成一个三角形的框架，而悠悠球在其中荡来荡去，好似一个秋千。

万国旗

万国旗是一种用左右手配合，编织步骤非常复杂的玩法。

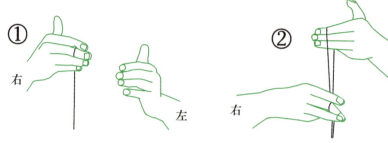

① 右手在胸前向上提升悠悠球。

② 左手在右手下方找一个点，把绳向上钩起。

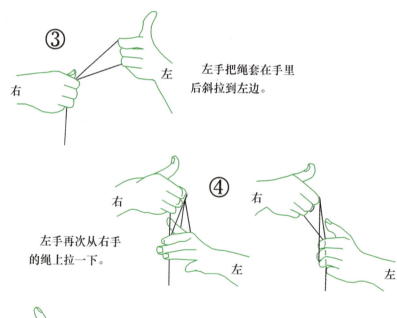

③ 左手把绳套在手里后斜拉到左边。

④ 左手再次从右手的绳上拉一下。

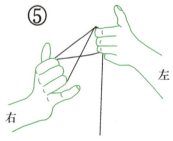

⑤ 双手调整好线绳的比例。

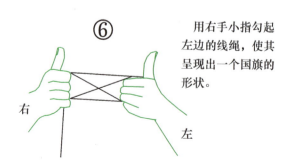

⑥ 用右手小指勾起左边的线绳，使其呈现出一个国旗的形状。

悠悠球的流行趋势

悠悠球的玩法发展到今天，难度大到非一般玩家能掌握它。但是通过观察高水平的玩家在世界大赛上的表现，也可以粗略地总结出它日后的流行趋势。

方向一：玩家已经不再满足于在身体的前方玩悠悠球。为了提升技巧，他们把双手背在身后或高举过头顶来编织花样。有的玩家还用单手编织花样，其难度可想而知。

在不了解悠悠球的新玩法时，通常都认为玩家只是用双手从胸前把玩悠悠球而已。

玩家并不满足于掌握悠悠球的基本玩法，而是向更高、更难的花式发起挑战，他们颠覆着在身前玩的传统花式，把双手背向身后，凡是在身前能玩出的复杂的花样，在身后照样能玩得一样出彩。

玩家在身后玩悠悠球的姿态更优美、更迷人。

方向二：玩家不仅仅用双手来玩悠悠球，而且加入腿部的动态姿势，通常会将一条腿抬起或全身下蹲，让悠悠球随意从腿下荡来荡去，并编织出各种花样。

玩家在玩悠悠球时，不仅蹲下身来，还让悠悠球在两条腿的下面左右飞舞。

玩家在玩悠悠球时，抬起一条腿，双手在腿下继续玩出各种花样。

方向三：双手一起玩悠悠球。玩家左右手各持一个悠悠球，但悠悠球的发射并不同步进行，一上一下，一左一右。上下翻飞的双球如龙腾凤舞，非常具有观赏性。不仅如此，在双手操作两个悠悠球的同时，玩家还加入跳跃、转身、向身体侧方弯腰、抬腿等动作，无形中又增加了玩悠悠球的难度。

双手一起控球的难度更大，这需要玩家有极强的协调性，大脑也要有非常清晰的思维能力，这些技巧经过长期艰苦的训练才能完成，否则两个球的线会缠绕在一起。

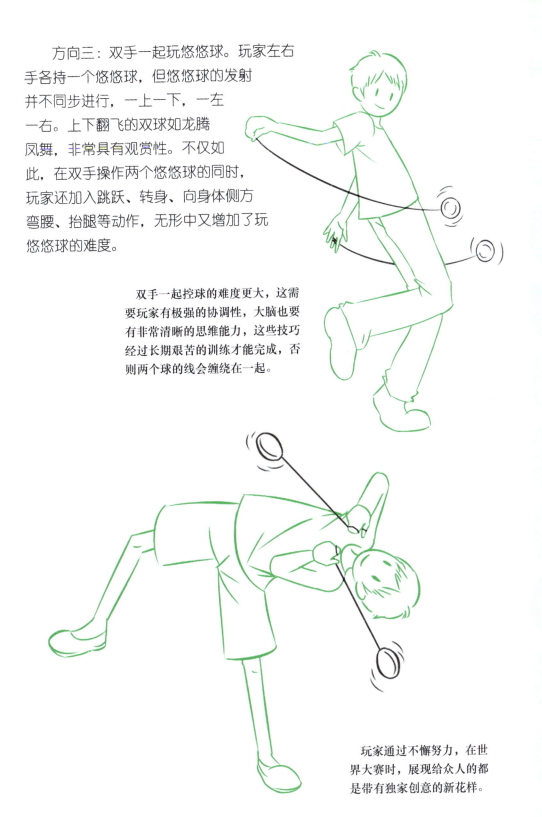

玩家通过不懈努力，在世界大赛时，展现给众人的都是带有独家创意的新花样。

77

专业玩家在参加比赛时，也会加入一些杂技或舞蹈动作，使比赛变得非常精彩。

任何动作都是从最基本的动作演变出来的，玩家在编排时加进一些新鲜元素，不仅使难度大幅提高，同时也使其更具观赏性。

4 | 小 结

看着专业玩家眼花缭乱的花式动作，每个初学者都一定会产生跃跃欲试的冲动。但是想学会、练好悠悠球却不是一日之功，都需付出艰苦的努力。玩家掌握的每一个新技巧，都是从无数的挫折和失败中收获的成果，所有的新花样都是日复一日用辛勤汗水浇灌出来的。

飞　镖

1 认识游戏

　　飞镖游戏从 15 世纪在英国诞生以来，就受到玩家的喜爱和追捧，几百年来获得了蓬勃的发展。当前飞镖已成为一些酒吧里不可或缺的游戏。除此之外，在一些游乐场或家里，也可看到飞镖镖靶的身影。

　　在第二次世界大战时，飞镖游戏就出现在军营中，它丰富了士兵的生活，提高了士兵的士气。而到了当代，飞镖还成为特种部队的训练科目，因为它可有效地、不出声响地打击敌人。

　　时至今日，飞镖已不再只是绅士的休闲活动，而是成为全民休闲、娱乐和竞技的大众活动。在家里，亲朋好友相聚时，在学习累了想放松时，也可玩玩飞镖游戏作为消遣。在过年过节举办集体欢庆活动时，玩家也可利用飞镖比赛来活跃气氛，沟通彼此之间的友谊。但是在玩的同时一定要注意安全。

2 游戏的场地和用具

　　飞镖游戏对场地的要求不高，只要宽度大于 3 米，光线充足，能悬挂镖靶或放下镖靶架即可。但在室外刮风下雨时，不适宜进行飞镖游戏。

　　飞镖镖靶的种类很多，靶面设计也各不相同，有适合儿童玩的卡通镖靶，有得分区域较大的镖靶，但在进行正规比赛时，一般都使用 20 分记分镖靶。

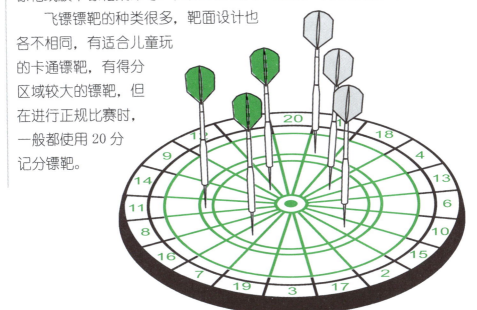

当购买飞镖盘时，一定要选择适合自己使用目的的飞镖盘。花样繁多的飞镖盘尺寸并不一致，标准的比赛用飞镖盘尺寸为：

双倍环外直径 =342 毫米
飞镖盘的总直径 =457 毫米

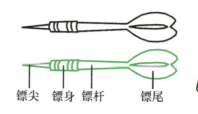

镖尖　镖身　镖杆　镖尾

飞镖的种类很多，每种飞镖的材质决定了它的质量。专业选手都会选择最适合自己手感的飞镖。

在一些国际飞镖比赛中，各国参赛选手的飞镖镖尾会印上自己国家的国旗。

每个分数相对应的扇形记分区，有三种不同的记分方法。以延伸出的 12 分为例，射中灰色区域得 12 分；射中双倍分值区时记 24 分；射中三倍分值区时记 36 分。其他分值扇形区的计分方法依此类推。

镖盘中心有两个圆，中心圆点记 50 分，外中心圆记 25 分。

在比赛中，如果射中分值中间的线上，以较高的分值记分。

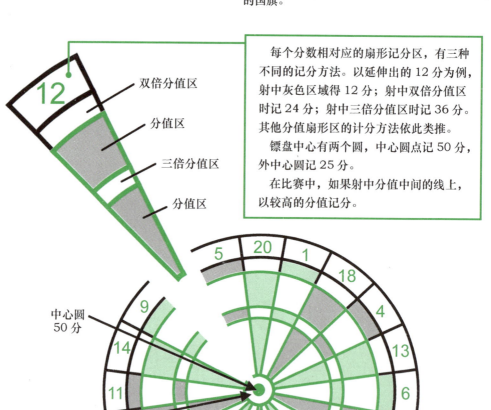

12

双倍分值区

分值区

三倍分值区

分值区

中心圆
50 分

外中心圆
25 分

标准镖靶的安装也有固定标准，靶面的高度和玩家投镖的距离都有明确要求。

飞镖靶盘是用天然纯麻，经特殊工艺高压制成，经久耐用，不易变形。在镖盘上标记出 1～20 分的对照扇形区，与较高分值区相邻的却是较低分值区，这种布局对每个玩家都充满挑战。

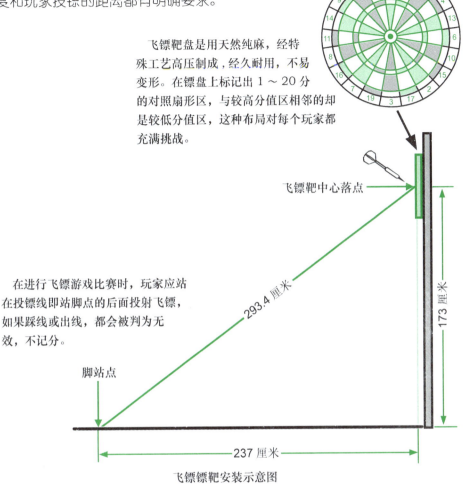

飞镖靶中心落点

293.4 厘米

173 厘米

在进行飞镖游戏比赛时，玩家应站在投镖线即站脚点的后面投射飞镖，如果踩线或出线，都会被判为无效，不记分。

脚站点

237 厘米

飞镖镖靶安装示意图

在学习飞镖技术时，先要清楚地了解飞镖的飞行路线呈抛物线形。这样玩家才会懂得如何运用自己手臂的力量。

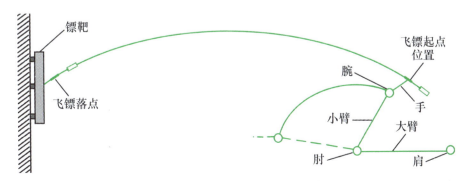

镖靶

飞镖落点

飞镖起点位置

腕

手

小臂

大臂

肘

肩

3 游戏的玩法

　　飞镖游戏的玩家众多，但多数玩家的投镖动作和站立姿势并不是很规范，他们采用的姿势非常随意。对一些玩家而言，把飞镖投出去，能准确地击中镖靶得分就行了。当然，作为一种大众游戏，不能要求每个人都去参加专业训练。但是，如果在玩飞镖之前，大家初步了解一下玩飞镖游戏的基本知识，总会有所收获。在这之后，玩家会自然而然地要求自己的姿势更专业，动作更正确。

基本持镖方法

　　当玩家初次接触飞镖时，其本能的持镖方式就是拿钢笔或握毛笔的姿势，这也没有错。不过在以后的练习过程中，手握飞镖的方法也要不断地调整。玩家只要找到最适合自己的握镖方式，就是最好的持镖姿势。

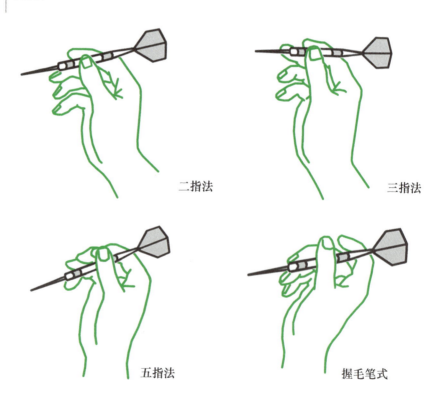

二指法　　　　　　　三指法

五指法　　　　　　　握毛笔式

82

　　握飞镖时要注意，手的无名指和食指应靠在标杆的中心点或稍靠后的位置上，中指搭在中心稍前的位置上，这样做有利于手指发力时飞镖飞行线路的稳定性。

参加飞镖游戏前要做热身活动。热身活动主要以活动上身为主，通过放松活动达到自我调节的目地。

玩飞镖游戏可有效地活动指关节、腕关节、肘关节、肩关节、三角肌、肱三头肌、手腕、手指部肌肉等。

双臂一起抬起并向前、往后环形绕圈。

累了可放下双臂。

运镖姿势

玩家要先掌握好正确的站姿和运镖的基础动作。

玩家的站姿：身体的右肩面对镖靶，头朝镖靶方扭过去，双脚分开，右脚尖斜向镖靶方向，身体的重心在右脚掌上，全身向镖靶方略微倾斜，身体与镖靶呈丁字形，相距 2.5 米左右。

站姿的稳定性直接影响到玩家投掷的准确率。要想站得稳，避免身体晃动，需采用科学的方法训练。首先要保持正确的站姿，如果感到有些累了，就停下进行放松调整。重复训练之后，就会站得越来越稳，坚持的时间也随之变长。

83

空手运镖练习

做不持飞镖的空手练习，主要是要确保运镖姿势正确性，这是飞镖游戏的基本功训练。

采取正确姿势站好后，玩家应尽可能使身体处于稳定状态，全身放松，让正确的姿态保持得时间越长越好。

①

②

然后抬起右手，做空手的击发动作。坚决地投掷，然后再略作停顿。如果在击发时，手腕肌肉比较放松，手腕就会有明显的震颤感。

③

以肘关节为中心，前臂和手腕做垂直的曲线运动，手腕上翻时要达到极限。进行空手训练，玩家可以体味手臂及各肌肉群在做动作时的感觉。

在没有持镖的情况下，做飞镖练习，使动作更加规范化。

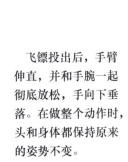

首先站姿要符合标准，身体与镖靶的角度要合适。随后将身体向镖靶方向稍作倾斜，接着头向右扭转过去，眼睛瞄准镖靶。最后将右手抬起，以胳膊肘为中心，手模拟握镖的动作，用力向头的方向翻手腕，猛地向镖靶方向做投射的动作，好似将飞镖射出，之后，手掌展开放松。

①

②

③

④

飞镖投出后，手臂伸直，并和手腕一起彻底放松，手向下垂落。在做整个动作时，头和身体都保持原来的姿势不变。

85

换一个方向做空手持镖练习。如此不厌其烦地反复做同一个动作，就是为了使标准动作成为玩家自然而然的习惯动作。空手练习占时达整个飞镖练习的 40% 左右。

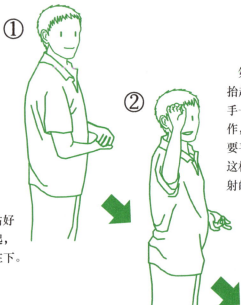

① ②

第二步，右手抬起后，眼睛和手一起做瞄准动作，手腕和手臂要平稳和竖直，这样做有利于投射的准确性。

第一步，姿势站好后，双手搭在一起，右手在上，左手在下。

③

从侧面看第三步的翻手动作。

第三步，在做投射动作前，手腕先向眼睛方向翻至极致。

④

第五步，飞镖用力掷出后，手臂放松并伸展开来，但小臂的姿态始终不变。

⑤

⑥

第四步，猛地向镖靶方向做投射动作，胳膊肘始终起轴心作用。

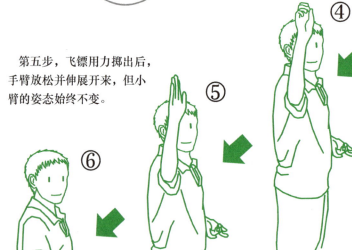

第六步，手臂随后放下来，整个动作顺利完成。

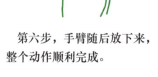

持镖练习

经过系统的姿势训练，在实际持镖时，玩家只需选择好适合自己手感的飞镖，就可以正式做投镖练习了。这时，玩家的投射姿势已经习惯成自然，投镖的准确性也比较高。

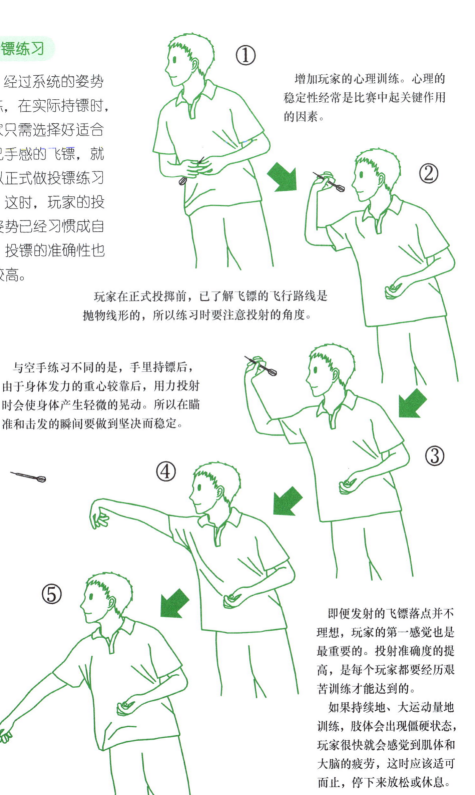

增加玩家的心理训练。心理的稳定性经常是比赛中起关键作用的因素。

玩家在正式投掷前，已了解飞镖的飞行路线是抛物线形的，所以练习时要注意投射的角度。

与空手练习不同的是，手里持镖后，由于身体发力的重心较靠后，用力投射时会使身体产生轻微的晃动。所以在瞄准和击发的瞬间要做到坚决而稳定。

即便发射的飞镖落点并不理想，玩家的第一感觉也是最重要的。投射准确度的提高，是每个玩家都要经历艰苦训练才能达到的。

如果持续地、大运动量地训练，肢体会出现僵硬状态，玩家很快就会感觉到肌体和大脑的疲劳，这时应该适可而止，停下来放松或休息。

手的辅助训练

手的动作直接影响投飞镖的准确性，所以手感训练变得至关重要。

玩家在开始训练时，双目微闭。平常持飞镖的手，用最适合自己的姿势握住飞镖，将感觉集中在手指尖上。大脑里想着飞镖的质量和形状，以及飞镖在空中飞行的抛物线。总之，就是在心里默想飞镖投射的全过程。

手的稳定性训练是飞镖训练中至关重要的一环。训练的目的是为了防止在投镖时手发生震颤而影响投掷的准确性。

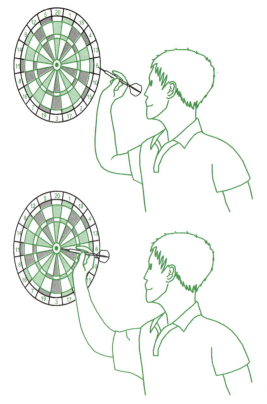

玩家站在镖靶前，使用手臂的前臂和手腕进行瞄准练习。手持飞镖，模拟飞镖投掷、飞行到击中靶心的过程。

在手的稳定性训练中，肩部尽量放松，把全部注意力都集中在手指、手腕和手臂的肌肉群上，用力要均匀。

刚开始时，动作尽可能地慢一些，一步一步地做，确保动作的准确。在较长时间的练习后，玩家就会感觉到肌肉群有酸痛感，这时就要停下来放松休息，等疲劳缓解以后，再继续手的稳定性练习。当玩家在酸痛感越来越少，手也可以稳定较长时间时，就表示你的稳定性训练基本达到目标了。

视觉练习

进行视觉练习，是开发眼肌能力，纠正视力偏差，提高飞镖落点准确率的一门重要课程。

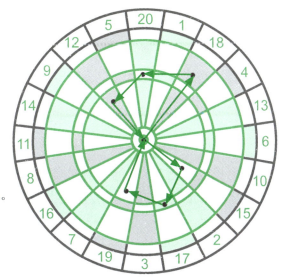

玩家每天抽出 5 分钟时间，用眼睛盯住镖靶看。在镖靶上，选择几个点，眼球在这几个点上作 8 字循环转动。当眼肌、眼球产生酸涨感时就可进入眼睛放松程序，即看远处——远视；再看近处——近视；再看远处——远视。可实现自我调节的目的。

玩家手持一个飞镖，以投镖姿势站好后，手臂向投郑方向用力伸出，眼睛通过镖尖盯住镖靶上任意一个点，然后再将手臂慢慢回收，将飞镖向回拉向眼睛近点。

视觉偏差是指玩家眼睛看到的点，和飞镖实际击中的落点不一致。

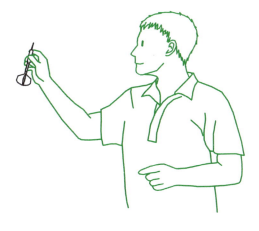

循环反复地伸远拉近，再伸远再拉近。练习一会儿，就停下做放松调节。最好在站立状态下进行练习，力争持续的时间长一些。通过练习，既能增强眼肌能力又能矫正视觉偏差。

飞镖比赛

飞镖游戏非常适合在朋友之间进行友谊赛，在节庆活动时，玩家经常比赛。飞镖比赛的种类非常多，现简单介绍几种赛制。

顺序得分

规则：可选择单 / 双靶心。

功能：一局 7 轮，一轮可投掷 3 支飞镖。

双方按镖盘上 1—20 号分值的排序投镖。比如，第一轮的 3 支飞镖，第一镖投 1 号扇形区，如投中后，第二镖投掷 2 号扇形区，接下来，第三支镖投 3 号扇形区。其得分是 1+2+3=6 分，如果投中分值加倍区，均乘以倍数再计分。每一分值区只能投中一次，如玩家在某一轮 3 支镖的投掷中，分别投中单倍、双倍、3 倍不同的分值区时，该玩家即获得这局比赛的胜利。若完成 7 轮投掷，无选手用上述方法获胜，则积分最高者胜。如果再投中的不是按顺序要求的号码分值区，该次投掷判为无效，得 0 分。

501

规则：可选择单 / 双靶心、正常 / 双倍入、正常 / 双倍 /3 倍出。

功能：一局 20 轮，每位玩家一开始就有 501 分。

比赛开始后每轮投掷得分数值，全从 501 分开始向下递减。先将积分减为 0 分者获胜。如 20 轮全投完后仍无 0 分出现，那积分最少者获胜。如果玩家某一轮投镖后，其积分经过双倍或 3 倍的加分后，小于 0，无法从上次积分中正常减分时，即出现所谓"爆镖"状况。在发生爆镖后，马上取消该玩家本轮得分和继续比赛的资格，其他玩家可接着进行下面的比赛。

501比赛记分表

甲		乙	
得　分	剩余分	得　分	剩余分
	501		501
120	381	80	421
95	286	180	241
83	203	60	181
137	66	97	84
60	6	84	0

高得分

规则：可选择单／双靶心

功能：一局 7 轮，一轮可投掷 3 支飞镖。

在双方均投掷 7 轮后，得分最多者获胜。

飞镖双淘汰比赛

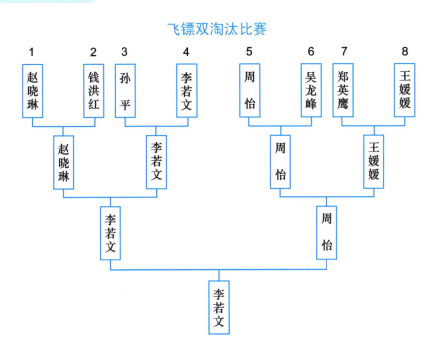

飞镖双淘汰比赛

飞镖比赛小知识

1. 在正式比赛时，需设一名专职、公平、公正的记分员，他必须会玩飞镖，并掌握相当多的比赛规程知识。

2. 每一轮比赛时，参赛的玩家必须在 2 分钟时限内投出 3 支飞镖。

3. 玩家要尊重记分员，如果发现记分员记分有误，要及时提出质疑。

4. 在有记分员的比赛中，飞镖在击中镖靶后，参赛的玩家不能自己去靶上取下飞镖，只允许记分员在本轮比赛结束时，去摘下飞镖并记下分数。

5. 必须尊重参赛的对手，在他进行比赛时，要站在离他 60 厘米以外的地方观赛，保持安静，不得发声干扰其他选手。

6. 如果在比赛中，飞镖或镖靶坏了，必须在 3 分钟内更换或修复。

7. 参赛的玩家如有事离开赛场，必须在 5 分钟内返回。

刀式飞镖

在我国 20 世纪 60 年代，绝大多数民众都看过电影《飞刀华》。在电影里杂技艺人的镖靶前站着一位女艺人，投掷飞镖的男艺人精准地把支支刀形飞镖稳稳地投射在女艺人身体四周，而站在中间的女艺人则很安全。

但这种飞镖技艺在世界上早已流传得非常广泛。在国外的杂技表演中也能看见类似电影《飞刀华》中的表演，并早已被正式命名为美式飞镖。

刀式飞镖的技术难度比较高，玩家需要具备一定武术功底，这些拳脚功夫能有效地帮助玩家提高飞镖的力度和准确率。

由于刀式飞镖存在一定的危险性，目前在我国这种玩家并不多见。

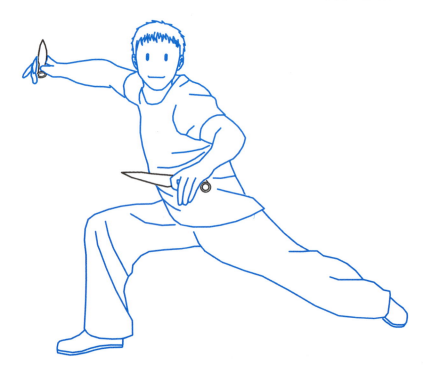

旋转飞镖

　　飞镖的外形像是一朵花，它绽放出的花瓣多少各异。

　　这种外形的飞镖自古以来都是作为暗器而存在，其技艺也在武林中得以传承。

　　旋转飞镖也叫脱手镖，在国际上还举办过这种飞镖的花样竞技比赛。

　　这种像花儿一样的飞镖还有一个名字叫忍者飞镖。

4 小 结

当今，飞镖已成为一种深受广大玩家喜爱的健身、娱乐、休闲的游戏。

商家经常选择类似镖靶盘形状的大圆盘，在上面划出不同奖项的分区，竖在商场的进出口处进行促销。人们在购物之余，还可感受一下玩飞镖带来的快乐。

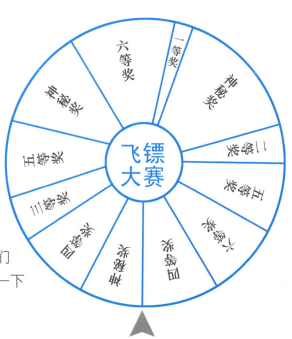

飞镖大赛

一等奖
六等奖
神秘奖
神秘奖
二等奖
五等奖
五等奖
六等奖
四等奖
未中奖
未中奖
三等奖
四游奖

箭头指向区域为中奖等级区。

飞镖也是一种下肢伤残人士喜欢参与的游戏种类。他们坐在轮椅上，自如地投掷飞镖，通过上身的活动，达到强身健体的作用。但是，他们并不满足于此，这些玩家经常聚集在一起，进行飞镖比赛。对他们这种自立、自强的精神我们应该大加赞赏。

这里再提一句，飞镖的投掷方向，永远只能是镖靶一处。绝不允许任何人将其作为伤害他人的暗器，望广大飞镖爱好者要学会自律，让飞镖真正成为一种安全的游戏而得以健康发展。

攀岩

1 认识游戏

　　人类最早的攀岩登山活动记载出现在 14 世纪后期的法国查理三世时代。随后便在史料中消失。直到 17 世纪中期，史料中才再次出现人类攀登山峰的活动记载。从 1850 年起，人们在攀岩登山活动中开始使用辅助工具。随着攀岩活动的推广，参与这项活动的人数不断增加。1988 年，国际上开始举办攀岩比赛。由于山地攀岩成本过高，消耗的时间也较长，所以实际能参与的人数并不多。直至出现了人造攀岩墙之后，攀岩活动才迅猛发展起来。

　　攀岩游戏既激发了人们寻求刺激的天性，又满足了人们挑战自我的本能。玩家在岩壁上利用四肢的力量攀爬登窜，使身体的协调能力得到提高。他们壁虎般地与岩壁"交流情感"，而观众则痴迷地欣赏着跳跃着的"岩壁芭蕾"。

　　玩家在室内人工岩壁上进行攀登，是一项相对安全的游戏活动，初学者可以在安全带和主绳的保护下，避免轻易坠落受伤。在经过一段时间的系统训练后，玩家便可以自如地在人工岩壁上攀登了。这项游戏不仅可以增强玩家的四肢肌肉，也可以让玩家学会自己开动脑筋来思考、设计最佳的攀爬路线。攀岩比赛是一项既比玩家的体力，又比玩家智力的竞技运动。攀岩时一定要注意安全。

2 游戏的场地和用具

在室外和室内均可以建造人造岩壁。在人造壁面上可以随意变化岩壁凹凸墙面的造形，在人造岩壁上安装形状各异的支点，让玩家通过各种支点来训练手的抓握方法和脚的登踩方式。只有熟练地掌握这些看似枯燥的动作，才能成为一名熟练的攀岩者。

人造岩壁墙

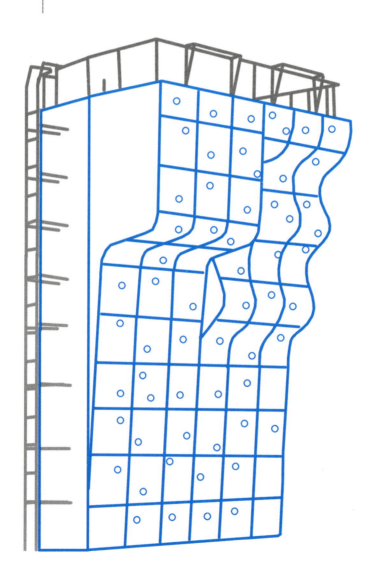

人造岩壁由地下基础和地上构筑物组成。地上构筑物由钢结构框架、上下爬梯、框架支撑组成。框架支撑深入地下，浇筑水泥混凝土，形成牢固稳定的地基。岩壁墙的墙面采用高强度仿真复合材料制造。通常情况下，一座人造岩壁墙的面积可达数百平方米，每块岩板的面积大约1平方米。这数百块岩板按编号依次安装在框架的格栅上。在岩壁墙顶部还需搭建一个供玩家休息用的平台。

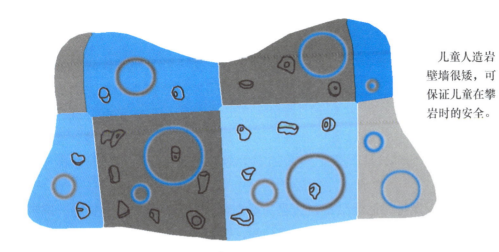

儿童人造岩壁墙很矮，可保证儿童在攀岩时的安全。

人造岩壁墙可以设计成各种不同的状态和形状，攀岩的难易程度也各不相同，岩壁墙的高度和难度是建造者根据使用功能确定的，主要有三种。

第一种是矮墙，它只有最简单的直壁，供初学玩家攀爬使用。也有专供小朋友玩的攀岩墙，在岩壁上面还制造、涂画出各种卡通造型，以引起小朋友的兴趣。矮墙主要用于训练初学者和年龄幼小的玩家。

第二种是高矮错落墙，在顶端可造一些不同角度的俯壁，供初学玩家训练时使用。稍有难度的俯壁和较高难度的屋檐状岩壁，由已经入门并已掌握一些简单技巧的玩家使用。

第三种是高墙，在墙面上制成难易不同和形态各异的凸壁、凹壁、斜壁、俯壁等，供攀爬高手使用。越高的难度，越能激发出玩家挑战自我的兴趣。它既可用于熟练掌握高难度动作的玩家攀爬，也可用于专业人士的技能训练和竞技比赛。

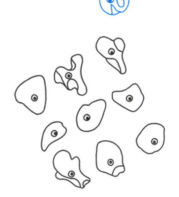

人造岩壁上的支点

人造攀岩墙上支点的外形各异，抓握的难度也不尽相同。

攀岩的装备繁杂多样，其主要用途中：第一种是用来保护玩家的安全，第二种是为了使玩家在攀登过程中自如地发挥技巧和能力。为了安全起见，玩家应在专业人士的指导下在专卖店购买这些装备。而在每次攀岩前后，都要仔细检查一遍装备的质量和功能是否存在问题，如有安全隐患就要及时处理，或更换新的安全可靠的装备。玩家的安全永远是最重要的。

攀岩的设备包括安全带、头盔、攀岩鞋、主绳、铁锁、保护器、扁带、快挂、膨胀钉、挂片、升降器、抱石垫、镁粉袋等（以下介绍的插图与实物比例无关）。

安全带

安全带对每一位攀岩玩家都是必不可少的。无论玩家的技巧多么纯熟，为避免发生意外，都要从安全角度出发，在攀爬前正确地穿戴好安全带。

虽然安全带的种类很多，但是能够正确、舒适地穿戴好它们也很重要。在穿戴前，要先整理、检查安全带有无安全隐患。在确认没有安全隐患后，就先分清安全带的前后面，像穿短裤一样将两条腿分别伸进左右环套内，再把腰带提拉到自己腰部的位置上扣紧。切记在

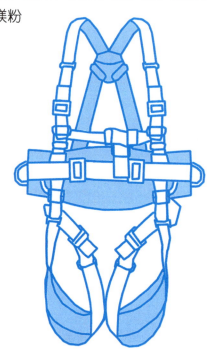

全身安全带

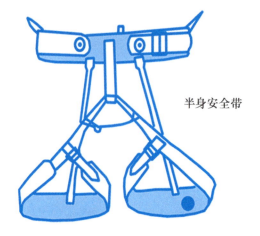

半身安全带

腰扣扣上的同时再反扣一下，随后还要让旁人帮助检查是否已经扣紧，这样才能放心地去挑战你面前的岩壁。如果出现不可预测的坠落情况，安全带将承载玩家身体的重量和下冲力，它是玩家安全的保障。

攀岩鞋

　　攀岩鞋是一般的运动鞋不能取代的，因为两者的材质和功能不同。攀岩鞋的鞋底用耐摩擦力较强的橡胶制成，在踩踏时具有防滑功效。在挑选攀岩鞋时，要依据攀登对象，在专业人士的指导下来选用不同的攀岩鞋。需要提醒玩家的是，攀岩鞋的尺码选择，要比自己平常穿的鞋码至少小两号比较妥当。这样可使攀岩鞋和人脚融为一体，两者结合紧实，脚部能够准确获得踩点时的接触感，有助于脚部的正确发力。

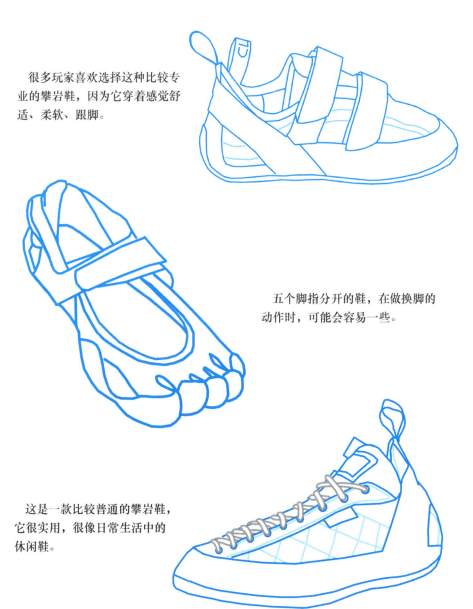

　　很多玩家喜欢选择这种比较专业的攀岩鞋，因为它穿着感觉舒适、柔软、跟脚。

　　五个脚指分开的鞋，在做换脚的动作时，可能会容易一些。

　　这是一款比较普通的攀岩鞋，它很实用，很像日常生活中的休闲鞋。

99

头盔

在攀登野外自然山岩时，头盔是必需的装备。在野外的自然环境下，山岩会因为长期风化或自然灾害造成碎石掉落，这时戴上头盔就能防止被坠石砸伤。玩家在野外如果真的遇到山上有落石，千万不要仰头向上看，因为头盔保护不到脸部。在攀爬人造攀岩墙时，虽然不会发生野外那样的落石现象，但初学的玩家，仍然要佩戴头盔，以防意外脱手下落时，头部直接撞击地面引起头颅或颈椎受伤。

头盔的外形与安全帽相似

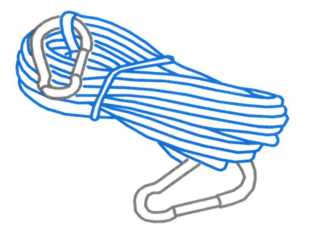

主绳是攀岩玩家安全的生命线

主绳

主绳与其说是安全带和岩壁上的各种保护器具的连接线，不如说是攀岩玩家的生命线。它的直径大约在 9 ~ 11 毫米之间，越粗的主绳越安全，但会增加玩家的负担。

主绳有两种，以它在攀岩过程中的弹性和作用来划分。攀登时用动力绳比较多。因其弹性和承重力都较强，万一玩家在攀登时失手，它可以起到一种缓冲作用；静力绳主要在下降时使用，其弹性也相对较弱。

主绳在使用过程中需要注意的是：尽量避免在锐利的岩角上横向摩擦；每次使用前后都要仔细检查主绳有无破损处，一经查出有问题，为避免造成更大的危险，应该及时淘汰掉；每次用完主绳后，应该存放在阴凉、干燥通风处，千万不要让主绳接触到汽油、油漆、酒精或呈酸性的化学物品等，以防止主绳被腐蚀而损坏。

铁锁

铁锁是一种环状金属制品，它一头大，一头小，中间有一个可以打开或关闭的圆柱形锁扣。攀岩玩家要学会熟练地打开或关闭铁锁的技能，关合拧紧铁锁是保证安全的重要环节。多加练习，才能熟能生巧。

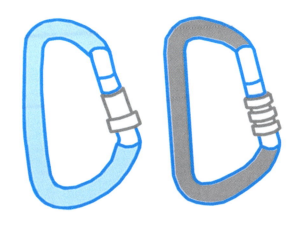

在使用铁锁时，切记要将接口处拧紧才安全

保护器的外形像一个数字"8"

保护器

保护器呈 8 字形，一头大，一头小。大头用于穿绳，小头用于挂绳。正确掌握保护器的用法，区分大小头哪一边是制动端，哪一边是受力端。保护器可以让玩家随时控制绳子的松紧，在上攀或下降时调控绳子的长短。有些保护器没有自锁功能，玩家在使用时一定要用手握住主绳的制动端。

扁带

扁带主要对保护器起连接作用，玩家用扁带将连接器之间打个捆扎结，可加固连接点。还可以起适当调节扁带长度的作用。但要注意的是，第一，千万不要将主绳从扁带中穿过；第二，把扁带当保护器使用是相当危险的，因为主绳和扁带之间的摩擦会损坏扁带。

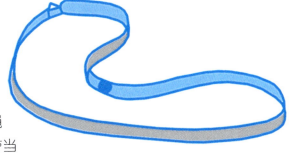

扁带可用来系在玩家的腰间拴"镁粉袋"

101

快挂

　　一条扁带圈，套着两个铁锁，就形成了一个快挂。这两个铁锁的作用各不相同，一个连接岩壁，另一个穿主绳用。快挂通常都由领头攀登的玩家事先在岩壁上挂好为临时保护点，为后来的玩家穿挂主绳提供方便。和扁带相连的铁锁要尽量采用没有开口的，它会大大减少操作失误所引起的不安全因素，但也要注意，不要把它当固定保护点来用。

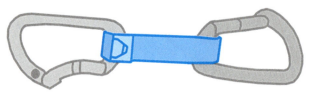

快挂的两边是金属环，
中间由尼龙带连接

挂片

　　挂片的使用方法很简单，它的上边有一个圆孔，用膨胀螺栓或螺丝钉固定在岩壁上。下边的大环可用于穿铁锁或快挂，也可用扁带在上边打结连接其他用品，它的主要功能是在岩壁墙上增加一个新的保护点。

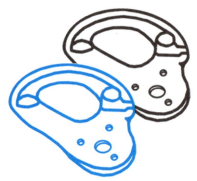

很多挂片已经事先钉在岩壁墙上

膨胀钉、保护片和岩钉

　　膨胀钉广泛使用在攀岩自然山岩壁的活动中。它需要先用冲击电钻打眼，然后再安装。但在人造攀岩墙上，采用螺栓更牢固，在不承重的地方也可使用普通岩钉。不同种类岩钉的使用目的都是起固定挂片或岩壁墙上的各类物品的作用。

膨胀钉

保护片

岩　钉

岩　钉

升降器

　　升降器是攀岩中的重要装备，一般多用于室外攀登自然山岩。它安装在主绳上，在下岩时可均衡地调节收放主绳的速度。

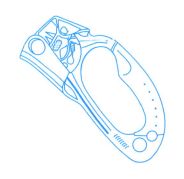

镁粉袋

　　镁粉袋是野外攀岩的必用装备，它使用扁带系在腰部安全带的上方。镁粉的主要功能是吸收手上的汗水，防止过多的汗水引起手掌打滑。如果在攀登人造岩壁时，则无须携带。因人造岩壁没有那么高，只需事先将镁粉擦在手上即可。

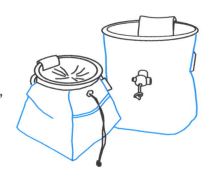

　　镁粉俗称是"滑石粉"，学名叫"碳酸镁"。

抱石垫

　　在人造攀岩墙前面的地上，铺几张较厚的海绵垫子，以预防初学玩家不小心跌落受伤，海棉垫起缓冲和分散压力的作用。在铺抱石垫时要注意，每张垫子尽可能靠紧，垫子与垫子中间不能有缝隙，否则可能会造成不必要的伤害。

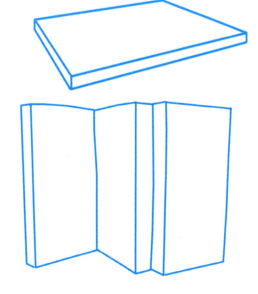

　　抱石垫有两种，一种是整体垫；另一种是两折或三折的折叠垫，折叠垫便于外出携带。抱石垫的尺寸长 180 厘米，宽 110 厘米，厚 12.5 厘米。也有更厚实一些的。

3 游戏的玩法

首先要学会所有攀岩装备的使用方法。因为装备种类较多，而且有的用法比较繁杂，需要反复练习才能掌握。

保护器与主绳的连接法

保护器外形非常像数字"8"，主要用于调整主绳的长度，它与主绳的连接方法非常简单，玩家很容易就能掌握。当初学的玩家要上岩壁墙时，地面的教练或辅助人员一般都用保护器来调节攀岩玩家安全主绳的长度。

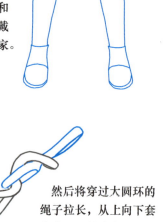

①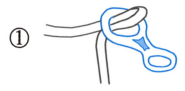

安全带和主绳都穿戴完毕的玩家。

先将主绳对折后从下向上穿过 8 字保护器的大圆环。

② 再把主绳拉向大圆环方。

③ 然后将穿过大圆环的绳子拉长，从上向下套在小圆环的头上。

④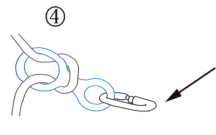

把主绳拉紧后，主绳与保护器的连接就完成了。

保护器的小圆头一般与铁锁相连，而铁锁可连接在地面保护人员的腰带上。

104

安全带与主绳连接法

当玩家将安全带穿戴妥当后，手拿起主绳的一头，另一只手攥住主绳顺着玩家的臂膀向脖子方向捋，注意绳子不要拉得太紧。然后在主绳80～90厘米的地方打一个8字结构的活结。在打完8字结以后，要剩下一小段为好，不然8字结容易松开。

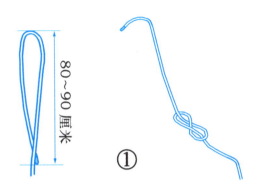

①

在主绳 80～90 厘米长的地方，打一个 8 字结的活扣。

②

把主绳的绳头从下往上穿进安全带的带环中。

③

在主绳穿进安全带以后，再从 8 字结的上环中从后向前穿过去。

④

主绳的头部先从延长绳的下方绕过，然后再从前向后穿过 8 字结的下方环中。

⑤

主绳头再从 8 字结的上方绕过去。

⑥

再从 8 字结的后方从后向前穿过 8 字结。

⑦

此时，一个主绳与安全带的连接环就成功连好了。

105

主绳与其他装备的连接

    在攀岩游戏中，主绳打结连接其他装备的情况非常多，打结的方式也各不相同，每个人的方法都有自己的特点，但前提条件是，不管用什么样的打结法，重点都是绳结要结实耐用，不会松开和脱落。

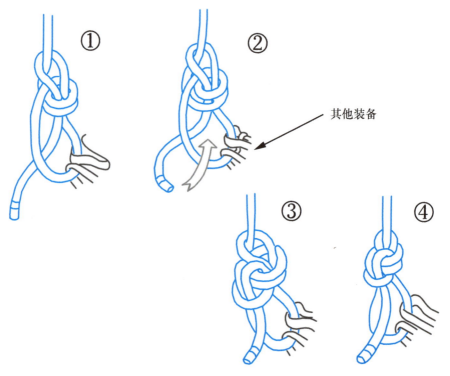

其他装备

    铁锁与主绳的连接方法也很简单，因为铁锁的一个边可以打开，所以无论安装什么装备，只要打开锁即可安上。但切记在安装后一定要将连接处的螺丝扣拧紧，以防铁锁自动打开。

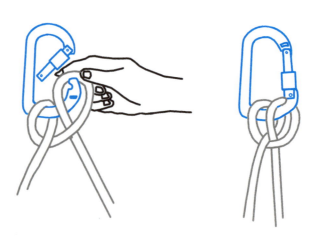

刚接触攀岩游戏的玩家可能感到攀岩好玩、刺激。其实想真正掌握攀爬的技巧，也不是一件容易的事。攀岩主要是让玩家四肢的控制能力得到均衡发展。玩家合理地分配体力，恰当地协调动作，才能在岩壁上正确地移动起来。如果玩家在攀爬的过程中，突然感到自己的手或脚停滞在某一个支点上，不知下一步该怎么办时，那就说明玩家还缺乏对攀岩路线的优化设计及对意外情况的及时处置。

每一位攀岩玩家要想玩好攀岩游戏，必须经过严格的、系统的科学训练，待掌握了所有技术后，才能摸索出最适合自己的攀岩方式。在这个循序渐进的过程中，大脑会熟记你做过的每一个动作，经过长期磨练，你的大脑凭借过往的记忆，就会设计出最佳的攀岩路线，采用最好的攀登方法。

使用支点的手法

支点的外形可谓五花八门，全部都用不锈钢螺栓固定在人造岩壁墙上，供攀爬玩家手抓或脚蹬踩。手的抓握方式依据支点的外形各不相同。如何抓好，抓稳，抓得随心所欲，就要事先对各种支点的握法有一个初步了解。玩家首先判断支点形状和开口方向，再决定使用哪种手法。下面将介绍抓牢各种支点的手法。

抓：用手的五指张开抓住凸起的支点；

抠：用几根手指抠进支点外部的缝隙或凹槽中，如岩壁墙突起或棱角边缘处，支点中部的圆洞等部位；

拉：一只手抓牢上方的支点，身体尽量贴在岩壁墙上，用手臂的力量使身体上下、左右移动；

推：利用身旁岩壁墙上的某些物体用手顺势推一下，借这股反作用力促使身体移动起来；

握：五个手指从各个角度分别用力握住支点；

挂：用一臂或双臂的力量抓牢支点用力，在脚不用力的情况下使身体悬挂在半空。

下面对几种常用的抓握点做一些简单的介绍。

深槽点

深槽点的握法比较容易掌握，只需用手指握在柱槽中。在攀爬过程中，当手遇到这种柱点时，玩家可充分发挥大臂肌肉的力量，使小臂稍微休息一下。

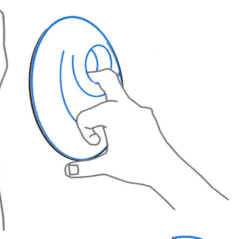

在攀岩时，深槽点是最受玩家喜爱的抓握支点，因为玩家可轻而易举地掌握如何抓握它。

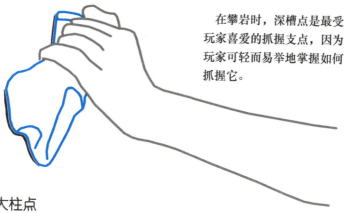

大柱点

大柱的外形呈圆形，没有深槽。手指可随意搂住大柱点，不用太费力，只要用腕力搂住就行了，使用起来非常舒服方便。

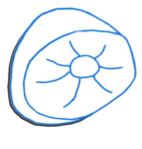

攀岩墙上的大柱点大小不一，数量众多，布局合理，玩家可以得心应手地搂住。

抓握点

抓握点的特点是小巧，它的握槽比较浅，柱的上方是个平面，手想抓握住这种支点比较困难。

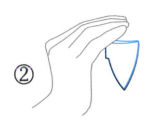
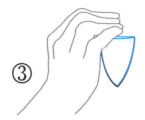

因抓握点较小，玩家在攀岩的过程中，当遇到此点时，一定要确认抓牢后再发力，以防脱手。

玩家在遇到抓握点时，先将四个手指的第一指关节抠住槽边，再将大拇指压在食指上，以增强整体的力量，达到最佳抓握状态。

Open 点

Open 点是一种较大的圆形点，它的外表光滑无槽，斜坡较平缓，使用时，将全部手指尽量压在上面，接触面越大，获得的抓握力越大。对较大的 Open 点有时也可用两只手从左右两侧一起抱住，两臂一起用力时效果更好。

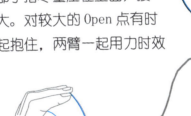

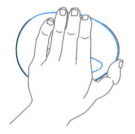

Open 点有大有小，在抓握时的手法也不相同。

对相对较大的 Open 点，玩家经常会采用双手一起抱握的手法。

顺指点

顺指点呈竖椭圆形状，手的大拇指放在顺指点的右边浅槽里，其余四根手指抠在左侧的浅槽中，五根手指用力抠住顺指点的两侧，然后往顺指点中间抠着用力。

在顺指点的两边都有浅槽，抓握时，手指在两边都要抠紧才能发力。

用顺指点来承载体重，全靠手腕的力量。初学的玩家如果不能完全掌握技术要领，在攀爬较高处时，就不要轻易尝试。

指洞点

最常见的指洞点分单指洞点和双指洞点，在支点中间带有 1 ～ 2 个圆形洞孔。使用时手指插入指洞点中，主要靠中指发力。

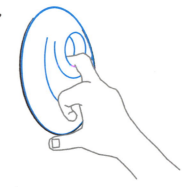

指洞点有两种，有的上面只有一个指洞，有的上面分布两个指洞。

在遇到一个指洞的指洞点时，直接将中指插入向下发力。再用大拇指压住食指以增加中指发力的强度。

用大拇指压住指洞点的手法。

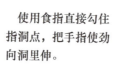

使用食指直接勾住指洞点，把手指使劲向洞里伸。

两根手指同时使用的第一种组合，用中指和无名指，它用起来有些不太舒服，力量也小。

第二种组合，用食指和中指或无名指和中指的组合都可以。但对食指和中指的组合，这两根手指均在一条大筋上，可以让玩家更省力。但最终的选择，还需依据当时所处的环境选择决定。

食指和无名指分别插入两个指洞中。

食指和中指插入一个指洞点，大拇指插入另一个指洞点中。

脚踩支点的方法

　　脚踩在支点上，因为这个支点需支撑玩家全身的重量，所以要尽可能挑选大一点的。鼓励玩家多用脚部力量，以缓解玩家双臂的劳累程度。主要有两种踩法：

　　　　　　　一是用脚尖踩或脚侧面踩支点。这时身体要向外稍微倾斜，以增强脚与支点的摩擦力。

脚从正面踩支点

　　二是用脚后跟挂在支点上，此时腿需斜靠着岩壁墙，使身体获得移动中的平衡力。

　　如果存在换脚的问题，运用脚法时，不要把支点踩满，要给另一脚留下适当的空间。

脚后跟或脚掌踩点

　　如果想在某个支点上换脚，把脚踩在支点的什么位置，事先要考虑周全。

攀岩游戏的安全保障

攀岩前的热身活动

在每参与一项活动之前，都应该进行相应的热身活动，像玩一会儿踢毽子、走绳（类似走钢丝）等游戏，都能使玩家的肌肉事先得到适度放松，降低玩家在攀岩中的疲劳度，避免玩家在接下来的活动中受伤。

攀岩的热身活动主要有以下几个环节，动作强度适中，动作节奏为四八拍或更多。

第一节，双臂拉伸。动作要点是，先把左臂向前上方弯曲，钩住向左方伸出的右臂，左小臂向回用力，拉伸右臂臂部和臂后背部的肌肉群。然后左、右臂互换做相同的动作，使整个背部和左右臂都得到拉伸和放松。

第二节，腿部拉伸。先将左腿前弓向前迈一大步，做压腿运动，使大腿和小腿的肌肉因下压作用得以拉伸，然后左、右腿互换做相同的动作。做这个动作的好处在于可以避免大小腿肌肉群在攀岩时拉伤或抽筋。

第三节，后勾腿。先坐在地上，左腿做前盘腿动作，右腿平放在身体侧面，把小腿勾起，右手抓住右脚中部用力靠向身体，然后左、右手和腿的动作对换，再拉左腿。这个动作可以使玩家的身体更加灵活柔软。

第四节，前弯腰盘压双腿。双腿盘起坐在地上，双手抱握住小腿，身体向前倾压，头越靠近地面效果越好。通过下压用力，活动关节和拉伸肌肉。

112

仰卧起坐

仰卧起坐有多种运动方式，下面介绍其中的两种。

玩家平躺在抱石垫上，双脚平放地面，双膝弯曲。由同伴压住玩家的双脚，玩家自己用双手抱住头部，用力将上身抬起并向双膝靠拢。动作过程中双脚不能离开地面。

玩家平躺在抱石垫上，双臂向前方平伸，头部及上半身向上抬起，同时双腿抬升，双膝向腹部方向收拢。

仰卧起坐可以拉伸玩家的腹部肌肉群。较胖的玩家因腹部脂肪较厚，做起来并不是轻而易举的事，需经过长期的训练才能练成健美的腹肌。

引体向上

初学者应先在健身器械上做引体向上的动作，这样可以先增强手臂和手指的力量。如果在做引体向上动作时，双臂的瞬间爆发力能牵引上身高于手抓部位，训练的效果就更加理想。

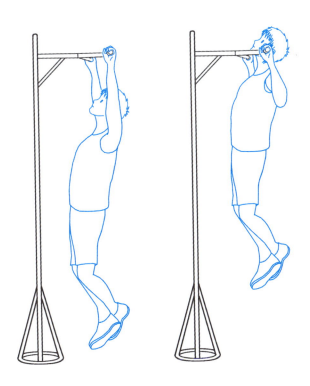

有些玩家也经常在较低的俯壁和屋檐式岩壁墙上进行训练。双臂肌肉的力量，是学会攀岩游戏的关键。在岩壁上，玩家主要利用双臂支撑自己的身体挂在半空中，虽然脚蹬也能支撑身体重量，但如果双臂挂不住身体，想学会攀岩便是不可能完成的事情。

　　以上这些基本的热身动作主要是锻炼玩家的肩、肘、腕、指、腰、膝、髋、踝、趾等主要关节及肌肉群，以增强玩家身体的柔韧性、灵活性、协调性和耐久力。

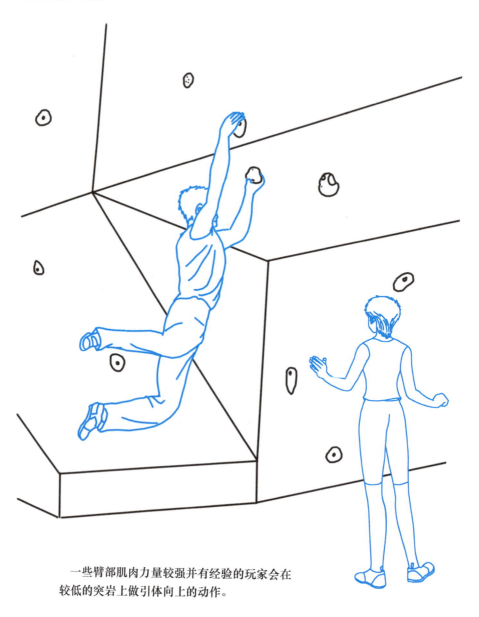

一些臂部肌肉力量较强并有经验的玩家会在
较低的突岩上做引体向上的动作。

攀岩后的放松活动

　　攀岩玩家在攀岩结束时，还需做几个简单的拉伸放松动作。通过拉伸使肌肉得到充分放松，身体也会感到更加舒服。

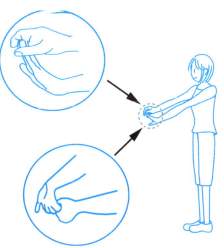

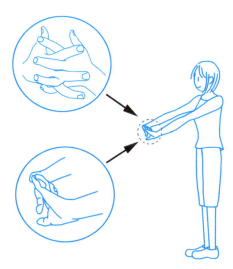

　　第一个动作是：玩家的双臂向前伸，一只手用力向回掰另一只手的手指，然后互换左右手重复刚才的动作。

　　第二个动作是：玩家的双臂向前伸，双手交叉后，手心向前推，推拉双手和双臂。

　　第三个动作是：左臂伸向背后，左手尽量向下方伸，右手从背后向上方伸，右臂胳臂肘抬起尽量向头部贴，左臂和左手向下伸与右手相拉勾住。然后左右臂对换继续做拉伸动作。

115

脱落坠地时怎样做自我防护动作

　　玩家在上岩前先检查一下地上铺设的垫子是否平整，各个垫子间是否无缝隙。发生坠落时，如果头部撞地，容易引起脑震荡或颅骨骨折；后脑着地，容易引起颈椎压缩性骨折；手掌撑地，容易引起手腕和手臂骨折；背部和臀部着地，容易引起脊椎和腰椎的压缩性骨折。万一发生坠落，要尽可能脚先着地，身体顺势向侧面倒下，接着马上在垫子上滚动一圈，这套动作会最大限度地缓冲落地时产生的撞击力。（后面图示仅为动作示意图，实际中一定要配戴护具，注意安全哦！）

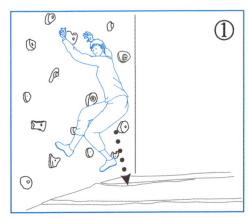
第一步，练习从岩上掉下来时，身体保持头上脚下的直立状态，侧转身，双腿尽量并拢。

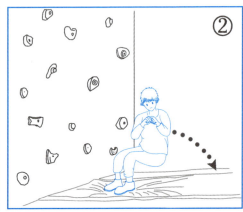
第二步，着地时双脚一起落在垫上，双臂在胸前合拢，侧身顺势倒地。

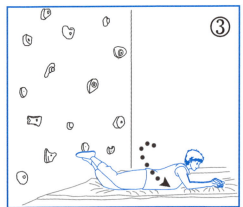
第三步，当上身着地后，身体迅速在垫子上打一个滚。

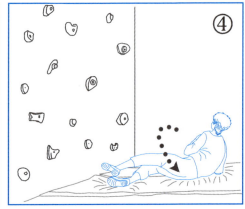
第四步，身体在垫子上滚一圈，这会最大限度地缓解身体坠落对地面的冲击力。

　　这是一整套安全防范动作。玩家可事先在低岩壁上多多练习。一旦发生危险时，身体的反射功能会自然而然地做出防范动作，从而避免玩家受伤。

地面辅助人员拉主绳做安全保障

　　站在地面保护玩家的拉绳人，应该接受过专业的拉绳训练，以确保主绳始终被双手把握住，即便在换手（倒手）时，也只是在瞬间松开一只手来做换手动作。这种手法可让攀登的玩家在上攀时更安全。

　　拉绳人的拉绳操作分几步完成：

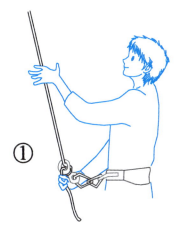

第一步，准备动作，拉绳人左手握住保护器上通往上方的绳子，右手握住保护器向下方落地的主绳。

第二步，拉绳人右手握绳向上送绳，左手顺着主绳向下移动。

第三步，右手紧握主绳由胸前向上拉，左手顺着主绳向保护器方向向下滑。

第四步，右手向斜上方抻，将主绳拉紧为止。

第五步，右手将主绳拉紧
后再向下方压。

第六步，右手紧紧拉
住主绳，左手瞬间放开
抓住的主绳。

第七步，右手拉着主绳稍向下移时，左手也
移至保护器下右手的下方握住主绳。

第八步，当右手确认左手已握住
主绳后，右手向头顶上方移动并握
住主绳，还原至第一步时的动作。

当玩家向上爬时，拉绳人用倒手的姿势松放主绳的长度。当玩家爬到岩顶后，拉绳人要慢慢地放松主绳，让玩家安全着地。如果中途发生意外，拉绳人员要先拉紧绳子，待玩家的姿势调整好后再放松主绳让他落地，这样才不会发生危险事故。

如果拉绳人在主绳上加用了下降器，在放主绳时，双手就要均匀地、缓慢地用力。

手脚配合训练

当玩家初步掌握好手脚在攀岩墙上各种支点的用法后，就可以试着在低岩壁墙上进行手脚配合的平移训练，这样做有利于降低初学者的风险。

手在抓握支点时，主要是利用手指、手腕和小臂的力量。攀登效果的好坏，取决于手臂力量的大小。初学的玩家一开始只能靠下肢的力量来支撑整个身体的重量。在经过系统的训练之后，再慢慢学习如何均衡地运用手指、手腕和手臂的力量来发力。攀登时身体的所有部位不要同时用力，否则很快就会感觉到疲劳，在岩壁上也就坚持不了多长时间。在该用手指发力时，手腕就要放松；该用手腕用力时，小臂不要跟着一起紧张，学会如何省力也是玩家需掌握的重要技巧。更换支点时不要紧张，大脑经过精准判断后，清楚地决定好下一个支点后，再做更换动作，要避免发生手或脚长时间困在某一个支点上无法移动的局面。

无论是手或是脚的替换动作，都不是轻而易举就可以掌握的。玩家站在地面上练习完成后，再进行四肢的低岩壁上替换动作练习。只有勤学苦练，才能熟能生巧，替换自如。

学攀岩的玩家，刚上岩时，从低岩壁墙上开始。

手的替换动作

玩家站在地面上练习左右三个手指在支点上的替换动作。

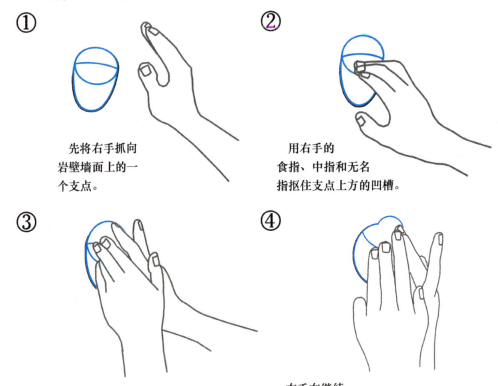

① 先将右手抓向
岩壁墙面上的一
个支点。

② 用右手的
食指、中指和无名
指抠住支点上方的凹槽。

③ 右手稍微向右移动，并将食指抬起，这时
左手的无名指顺势压在凹槽中。

④ 右手在继续
向右移动的同时抬起中指，左手也向右边
稍微移动一下把中指放入凹槽中。

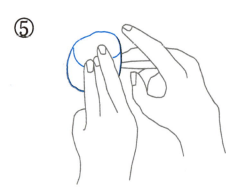

在右手把无名指抬起的同时，左手的无
名指要恰好压到凹槽中。

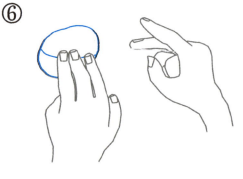

右手彻底移开后，左手的食指、中
指和无名指牢牢地抠住支点。

这个左手三指换右手三指的替换动作就全部完成了，再反过来练习右手
换左手的替换动作。

在地面上练习左右四个手指在支点上的替换动作。

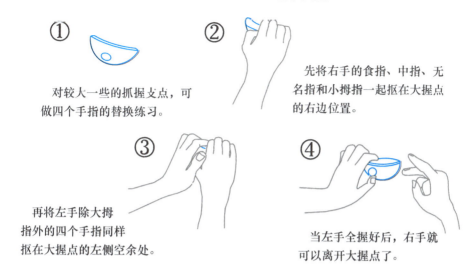

① 对较大一些的抓握支点，可做四个手指的替换练习。

② 先将右手的食指、中指、无名指和小拇指一起抠在大握点的右边位置。

③ 再将左手除大拇指外的四个手指同样抠在大握点的左侧空余处。

④ 当左手全握好后，右手就可以离开大握点了。

这个左手四指换右手四指的替换动作就全部完成了，再反过来练习右手换左手的替换动作。

在地面上练习左右两个手指在支点上的替换动作。

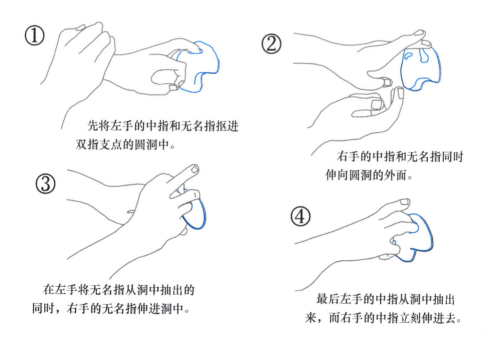

① 先将左手的中指和无名指抠进双指支点的圆洞中。

② 右手的中指和无名指同时伸向圆洞的外面。

③ 在左手将无名指从洞中抽出的同时，右手的无名指伸进洞中。

④ 最后左手的中指从洞中抽出来，而右手的中指立刻伸进去。

这个右手两指换左手两指的替换动作就全部完成了，再反过来练习左手换右手的替换动作。

玩家在地面练习完一些基本动作后，才能上岩去学习攀岩的基本动作——三点固定法。所谓三点固定法，就是玩家在攀爬的过程中，始终有一只（手或脚）处于选择下一个支点的悬空的状态中，其余三只（手或脚）则与三个支点牢固地固定，形成一个三角形。这种三角形着力结构具有稳定的受力状态，同时也是攀爬中最为舒适和省力的方法。在攀爬时，玩家的手臂尽量伸直，身体的重心落在大腿上。如果重心太高，手臂上伸时会很费力，玩家的髋部要贴向岩壁，身体的重心落在登踩支点的脚上。只有这样做，身体才能保持平衡和稳定。在整个攀爬过程中，玩家要合理分配体力，并使身体始终保持自然舒展的状态。但也有臂力较强的玩家不采用三点固定法，他们只利用自己双臂的力量攀爬俯岩和屋檐岩，那都是经过数百次甚至更长时间磨练的结果。

　　在岩壁墙的低处进行换脚练习，玩家自我体验三点固定法。

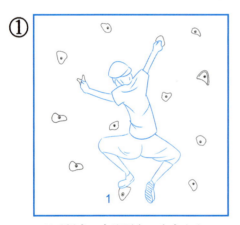

① 双手抓牢，左脚踩在一个支点上。

② 右脚也踩到同一个支点上并踩稳。

③ 左脚离开支点，右脚仍在原支点上。

④ 左脚寻找下一个支点。

在低岩壁上练习横移

　　入门玩家在低岩壁墙上练习横向移动，是练习手脚配合的最佳选择。一些关键的技术动作在低处练习可以避免很多风险。玩家身体放松地站在岩壁墙前面，在双手选择支点时，一是要适合自己身体的高度；二是要先找容易抓握住的支点。因为有些支点的形状对初学者来说开始并不容易掌握。

　　在实践中，玩家要善于运用已经掌握的所有技术要领，努力加强自己身体的灵活性。四肢的配合程度越高，就越不容易引起疲劳。学会用巧劲，而不是用猛劲。玩家还要有能力清醒判断出自己要移动的方向和下一个支点的位置。

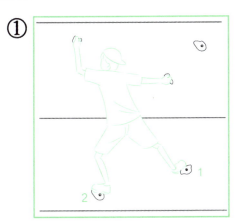

　　双手适度展开，左右手选高度适合的支点抓好，左脚也找一个位置较低的支点踩稳。

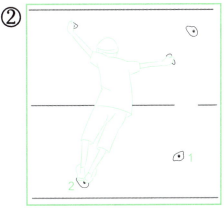

　　横移开始时，双手的动作不变，左脚在原支点上稍向左移一下，右脚也踩上去，这时双脚同时踩在一个支点上。

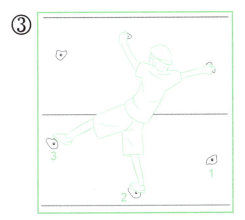

　　玩家利用双手和双臂的力量支撑身体的重量，左右脚实施换脚动作，右脚占据更多的位置，左脚去寻找下一个支点。

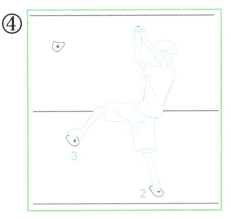

　　当左脚站稳后，可以开始做左右手的换手动作，先将右手移到原来左手握着的支点上。

⑤

左右手替换完成后，被换下的左手向左方去抓握下一个支点。

⑥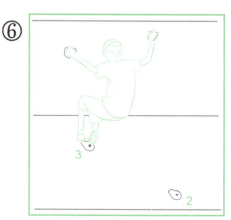

再次左右换脚，双脚踩在一个支点上，全身相应地向左边移动一步。

⑦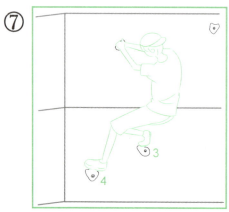

左脚踩稳支点后，右手同时也移到左手的抓握点上，准备换手。

⑧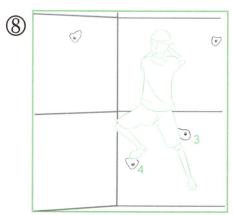

双手同时握紧，右脚从支点上下来，准备去踩左脚的支点再次进行换脚。

⑨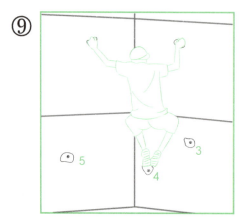

左手在抓住新支点的同时，右脚也落在左脚的支点上。

⑩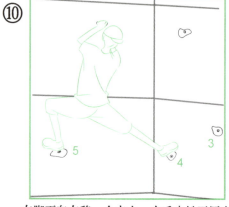

左脚再向左移一个支点，右手也松开原来抓握的支点，抓牢左手所在的支点后准备换手。

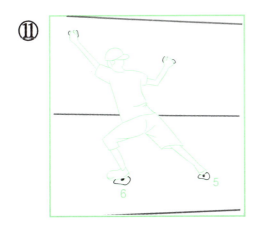

⑪

随着玩家不停地换手和换脚，玩家的身体也向左边缓慢地横移着。

向岩壁的高处攀爬

攀岩玩家真正有能力向高处攀爬时，首先要把"人身安全"放到第一位，其次才是学习如何向上攀登。玩家在上岩壁墙前，从穿安全带开始，每一步都要仔细检查。在正确穿戴好各种装备后，还要再次复查主绳与安全带间连接的8字结是不是足够紧实，在确认不会松开脱落后，再进行向上攀爬的训练。

攀爬时主绳一定要放在双臂中间，不能放在某一侧。主绳如果放错位置，玩家在攀爬时发生失误，不仅会使身体像荡秋千一样斜挂在半空中，还会使玩家产生畏惧心理，影响后续的攀岩活动。出现这种失误的初学者单靠自己是不容易把姿势调整过来的。在安全防范问题上，初学者不要抱任何侥幸心理。每一种游戏都有它自己的规则，这些规则都是前人实践经验的总结，后来者要学会并认真遵守。

在岩壁墙上攀登

在向上攀登时，有两点要提醒玩家注意。一是主绳的位置一定要放在双臂中间；二是注意双臂用力和身体协调性之间的关系。

③ 右脚接着上移，身体呈团缩状蹲式。右手向上寻找新的支点。

⑥ 当右脚蹬上来后，身体又呈全蹲状，下一个姿势循环到第一个姿势。

② 左手握牢不动，右手准备上移，左脚抬起，向上踩住新的支点。

⑤ 几乎与第二种姿势接近，还是先抬左脚向上爬。

① 准备向上攀爬的起始姿态。双手抓紧，双脚踩牢。

④ 右手抓握住新支点后，身体由下蹲的姿势拉起站直，呈立式，继续上登。

如何攀爬突岩

在岩壁墙上，突岩的攀爬对玩家的体能和技能都是一大挑战。初学攀突岩的玩家，最好在低岩处开始初级训练。等玩家真正掌握了攀突岩的技术后，再尝试向高处攀登。玩家在高处训练攀突岩时，切勿操之过急，可多次试攀，直到成功为止。

攀爬突岩时，玩家双手和双臂力量一定要够强大，只有在双臂能挂住身体重量的那一刻，才能做一条腿的抬蹬动作。

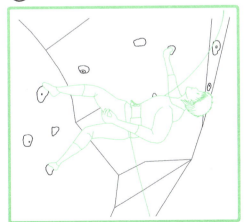

在攀爬突岩时，玩家随时都要把主绳放在自己的双臂之间，防止发生缠绕。另外，因自己全部体重有时只由一只胳臂来承受，更需注意姿态的协调性，切记不要让自己困在高空突岩上。

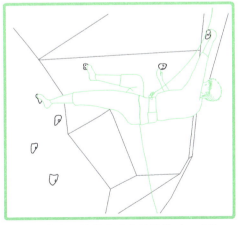

玩家在面临技术难度的挑战时，头脑里一定要有清晰的攀爬支点线路。倒手时手要抓紧，倒脚时脚要踩稳。脚踩到适当的支点时，尽量分散一些胳膊的负担，使玩家在翻身向上攀爬时更省力。

127

一般初学的玩家最好先请有经验的人担任教练，在教练的正确指导下进行系统的训练。在向高处攀爬训练时，教练往往会先给初级玩家指明一条最容易爬的路线，让他少走弯路。如果能成功登顶，初级玩家顿时心情愉悦、信心大增，其后的训练就会变得轻松很多，四肢的动作也会越来越协调。玩家在向上攀登时，尽量记牢每

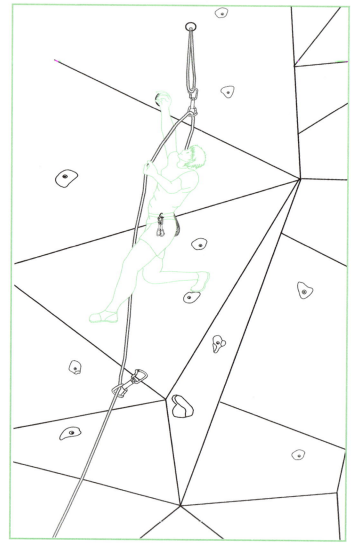

个动作的技术要领。玩家在掌握了一些基本动作后，在一次攀爬时，不要把自己学过的动作全用上，在能用简单动作完成时，就不要使用复杂动作。初级玩家最大的目标是最省力的、少犯错误的攀登。

攀岩墙上有一条可以自由滑动的主绳垂到地面，其下端由地面上的专业人士或玩家的教练拉住。教练要视玩家向上攀登的情况不断地调整主绳的长度，一会儿拉紧主绳，一会儿适度放松，操纵主绳来保护玩家的安全。

初级玩家在向上爬的过程中，不必用一只手来悬挂主绳。待玩家入门以后，再循序渐进地练习其他新掌握的技术动作，如在攀爬的过程中安装主绳，安装快挂等装备。

　　玩家在初学时应该一步一步来。从基本技能开始，由简单到复杂，由单一动作到全套动作，由低岩壁墙攀岩到高岩壁墙攀岩。攀岩游戏有其内在的规定性，初学者不可操之过急，此外，初学的玩家还应善于总结和改进，掌握科学的训练方法。

下岩动作

当玩家初次登顶后，教练可能采取从地面松主绳的方法，以便让玩家顺利滑下岩壁墙。玩家在掌握下岩动作后，也可尝试在主绳的拉扯下，采用双脚一边蹬岩，一边松主绳的方式下岩。

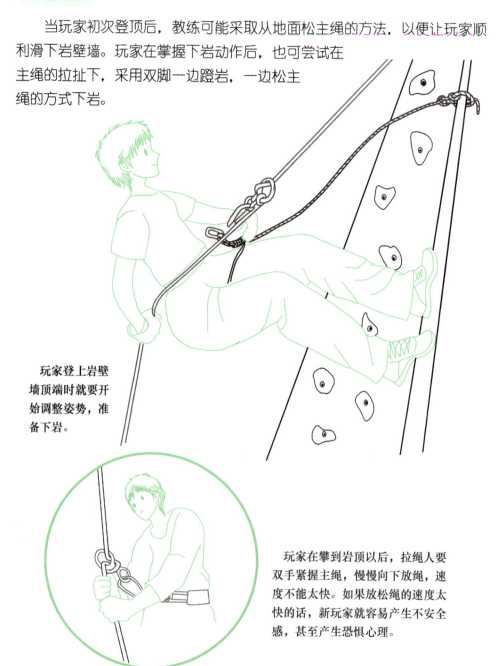

玩家登上岩壁墙顶端时就要开始调整姿势，准备下岩。

玩家在攀到岩顶以后，拉绳人要双手紧握主绳，慢慢向下放绳，速度不能太快。如果放松绳的速度太快的话，新玩家就容易产生不安全感，甚至产生恐惧心理。

教练在选拔专业攀岩人才时，比较注重身体四肢的肌肉力量，动作的协调能力，身体在运动时是否轻盈灵巧等要素。但对以健身为目的的玩家，只要从游戏中得到锻炼和娱乐就心满意足了。

在攀岩中怎样休息

　　初学的玩家可能一开始会用力过猛，很快就会力不从心，感到四肢无力，手脚酸痛麻木。这说明你已经累了。所以玩家要学会合理地分配体力，及时地调整姿态，适度地控制节奏，在攀登与休息间自如地转换。

　　进行攀岩活动不可鲁莽行事，而要量力而行。玩家在攀岩中感到疲劳时，就要果断放弃上攀，选择下降休息。只有这样做，才能避免发生伤害事故。

①

② 当攀爬累了时，需及时调整姿势，准备在岩壁上休息。

③ 手和脚都要抓到合适的支点后再改变姿势。三角支撑法是指在攀岩时，双手和双脚中有一只手或一只脚处于放松状态，它是攀岩的最佳方法。

④

让左臂休息的姿势是右手抓住一个支点并伸直手臂，身体整体下沉，一条腿呈弯曲状，另一条腿伸直，脚挂在较低的支点上，左手放开，左臂下垂悬空放松休息。做相反的动作可以交替休息右臂。

131

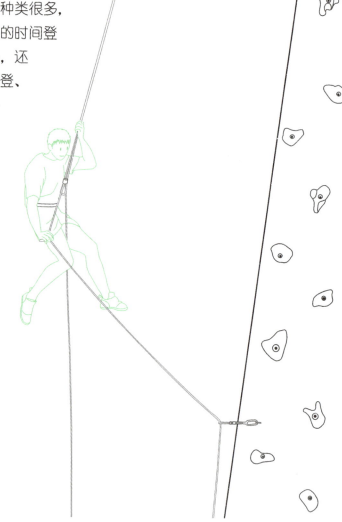

花样繁多的攀岩比赛

攀岩游戏的比赛种类很多，如计时攀岩，以最短的时间登上岩顶者获胜。此处，还有红点攀登、速度攀登、大圆岩攀登等花样各异的赛事。

在人造岩壁墙上，每位攀爬者在相同的岩壁条件下，除了比经验、比体能、比技巧外，还要比心理素质。因为在比赛时，观众中会发出噪声，容易影响比赛者的专注度。这些都是平常训练时无法模拟出来的场景。只有不断地参加各种规模的比赛，才能获取实战经验。

4 小 结

在攀岩成为大众休闲的娱乐活动后，各类攀岩俱乐部也应运而生，参加人数也呈增长趋势。人造攀岩墙在运动场地、公园和大型商场随处可见。玩家以攀岩健身为主，同时也通过他们之间的学习交流，认识了新朋友，结识了新玩家。

对经验丰富的玩家而言，岩壁墙就像游乐园一样。他们徒手攀爬上岩壁顶的速度就跟走平道一样，玩家的身体已经与岩壁融为一体了。

飞盘

1 认识游戏

目前在世界各地，到户外旅游是一种时尚的生活方式。人们在林间、山路上穿行，在鸟语、虫声边驻足，在绿荫下野餐，在阳光下嬉戏，在草坪上，抛起刚刚还在当餐具使用的盘子。看着飞盘或者被伙伴争抢，或者被高高跃起的小狗叼去。既愉悦了自己，又快乐了别人。久而久之，它从随意的嬉戏演变成一种健身游戏。2001年，飞盘游戏已被列入世界运动会的正式比赛项目。

普通圆形飞盘

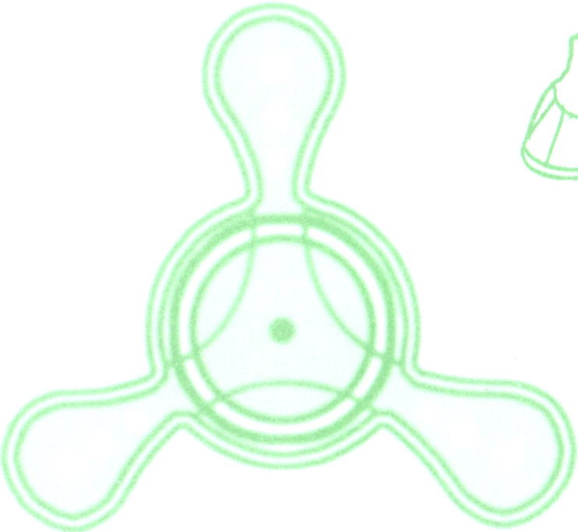

三头飞盘

2 游戏的场地和用具

场地面积：面积宽阔，长度和宽度均不小于 50 米。

场地类型：草坪、沙滩、操场、其他硬地场。

场地环境：地面平整，场中不得有树或电杆类障碍物。当场地中人数较多时，不能进行飞盘游戏。

飞盘材质：塑料或橡胶制成的薄圆盘。

3 游戏的玩法

飞盘的种类很多，根据飞盘尺寸和质量的不同，它们的特性和用途也不同。飞盘主要有三种类型：

小型盘，重 60 ～ 100 克；

中型盘，重 110 ～ 145 克；

大型盘，重 150 ～ 200 克。

持飞盘的手法

要想学会玩飞盘，先要了解各种手持飞盘和投掷飞盘的姿势和方法。

正手持飞盘和掷飞盘的方法：

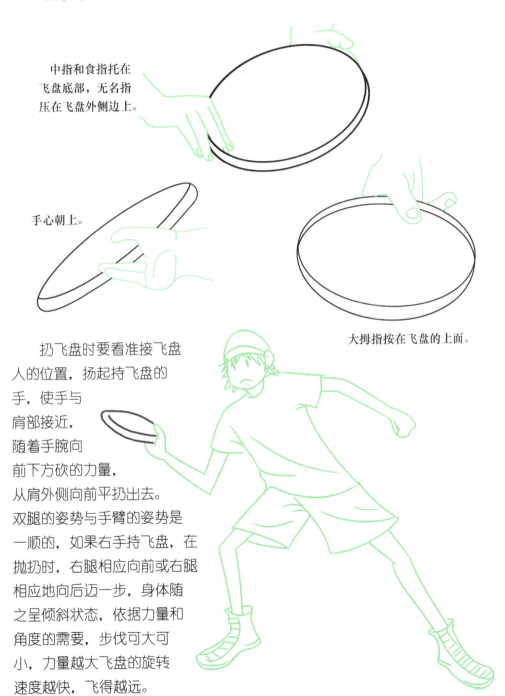

中指和食指托在飞盘底部，无名指压在飞盘外侧边上。

手心朝上。

大拇指按在飞盘的上面。

扔飞盘时要看准接飞盘人的位置，扬起持飞盘的手，使手与肩部接近，随着手腕向前下方砍的力量，从肩外侧向前平扔出去。双腿的姿势与手臂的姿势是一顺的，如果右手持飞盘，在抛扔时，右腿相应向前或右腿相应地向后迈一步，身体随之呈倾斜状态，依据力量和角度的需要，步伐可大可小，力量越大飞盘的旋转速度越快，飞得越远。

反手持飞盘和掷飞盘的方法：

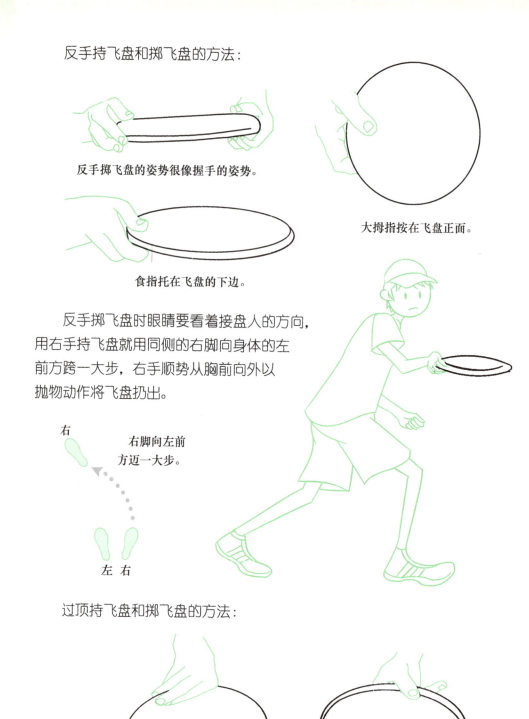

反手掷飞盘的姿势很像握手的姿势。

大拇指按在飞盘正面。

食指托在飞盘的下边。

反手掷飞盘时眼睛要看着接盘人的方向，用右手持飞盘就用同侧的右脚向身体的左前方跨一大步，右手顺势从胸前向外以抛物动作将飞盘扔出。

右

右脚向左前
方迈一大步。

左 右

过顶持飞盘和掷飞盘的方法：

136

持飞盘的方法与正手掷差不多。

　　过顶掷飞盘时先将手臂举过头顶，手持飞盘用力从头上方向远处扔，飞盘沿大抛物线飞行到接盘人手中。在飞盘比赛中，这个动作主要用于远距离传递飞盘，动作有一定难度，不易掌握。

接飞盘的方法

　　接盘人应与发盘人面对面站好，当发盘人将飞盘扔出时，接盘人需眼盯着飞盘的飞行路线，不停地移动自己的位置，在最佳地点用双手接住飞盘。初学者一般采用双手一起将飞盘合拍在手里，这种接盘方法较可靠。有经验的玩家也可采取单手抓盘的方法接飞盘。在接飞盘的同时也可单脚或双脚跳跃起来接。在进行比赛时，随着比赛激烈程度的增强，接飞盘的花样也不断翻新。

飞盘的玩法

掷远：先在地上画一条比赛起点线，参加比赛的玩家投掷方式不限，可以助跑，可以加旋转，但脚不能越线。每人在规定的两分钟时间内，必须投出 5 个飞盘，以个人投得最远的飞盘决定比赛的名次。

掷准：比赛用的是一种三面场地，正面方向立 3 个掷准架，分别立在 13.5 米、22.5 米、31.5 米处。左右两面各两站，它们立在 13.5 米和 22.5 米处，一共 7 站。掷准架在离地面 1 米到 1.5 米的地方竖立起。每站可投掷 4 个飞盘，全掷中为 28 分。

回收计时投：玩家用单手将飞盘投出，等飞盘在空中滑行了一大圈后，又飞回到玩家的投掷处时，玩家用单手接住飞盘。计时从投出飞盘开始到接住飞盘为止。飞盘在空中滑翔的时间越久，名次就越好。

飞盘狗：飞盘玩家和自己的爱犬一起配合玩飞盘，玩家将飞盘往外投出后，小狗拼命追赶起跳，用嘴叼住飞盘即算成功。飞盘狗的比赛有两种，一是以距离的远近取胜；另一种是以人狗配合的花样变化取胜。要想玩飞盘狗，人要与狗一起训练，配合默契后才可能做出漂亮的投接配合。

飞盘高尔夫

这个游戏的场地比较大，在大操场或野外均可以玩。游戏的主要用具是飞盘筐和掷投线标。游戏开始前，要把若干个飞盘筐按数码从小到大的顺序放在规定好的位置上，然后在起点处地上放好起点标志物或是画一条线。参加游戏的人全站在起点线后，分别把飞盘投往第一个飞盘筐方向，投掷方式随意，也可以像投标枪那样助跑掷。看谁以最少的掷投次数最先把飞盘掷进飞盘筐，当所有摆在现场的飞盘筐全部掷投完毕，就可决出胜者了。

飞盘高尔夫用的飞盘网筐，上方的数字是该筐的编号。

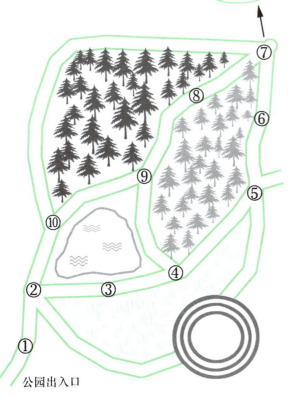

公园出入口

公园出入口

在公园玩飞盘高尔夫十筐游戏，可在人行道上按顺序摆放 10 个飞盘筐。玩家依次投掷，以投中率计算分数。

139

飞盘场地比赛

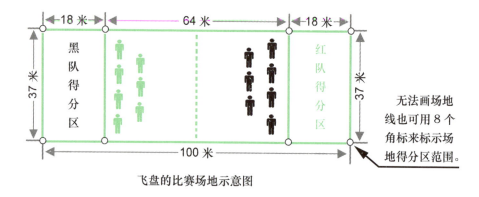

18 米   64 米   18 米

黑队得分区

红队得分区

37 米   37 米

100 米

无法画场地线也可用 8 个角标来标示场地得分区范围。

飞盘的比赛场地示意图

飞盘比赛可男女混合组队，在比赛开始前，两队上场队员各 7 名，按前 3 后 4 排列面对面站在场中间。事先确定好一队为攻方，一队为守方，他们身后是对方的得分区。比赛开始后，先由守方发"盘"，将飞盘向攻方那边投掷，攻方队员可接飞盘，也可不接飞盘，等飞盘掉在地上后，再捡起飞盘投出。攻方将飞盘投出后，便发起进攻，全员出击跑位，奋力攻入对方的阵地接传飞盘，千方百计将飞盘向自己队的得分区方向投掷。这时守方要全力阻止攻方的进攻，可采取各种方法阻拦对方队员接飞盘，一旦攻方飞盘被守方拦截、没有接住掉在地上或是投掷出界，双方立即调换身份，攻方转为防守，守方改为攻方。

140

攻方队员在进攻时，不管掷飞盘或是接到飞盘，只要飞盘在手，一只脚便不能随意移动了，这很像篮球比赛中的规则，一只脚在原地不能动，另一只脚则可以动，从各个角度寻求掷出飞盘的机会。持飞盘的人必须在 10 秒内将飞盘掷出，否则即算犯规。

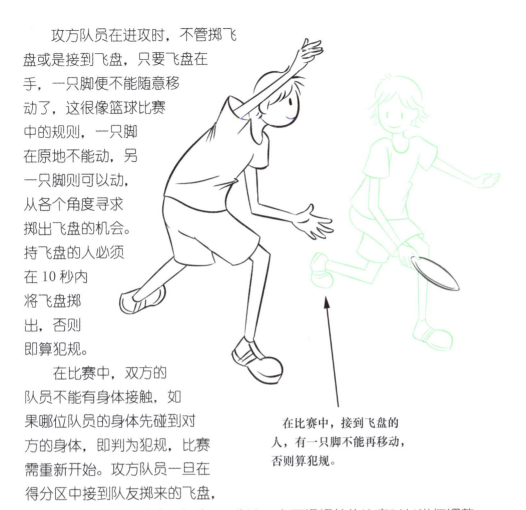

在比赛中，接到飞盘的人，有一只脚不能再移动，否则算犯规。

在比赛中，双方的队员不能有身体接触，如果哪位队员的身体先碰到对方的身体，即判为犯规，比赛需重新开始。攻方队员一旦在得分区中接到队友掷来的飞盘，就算得 1 分。一局比赛时间为 15 分钟，也可根据总的比赛时长进行调整。替换队员在两局之间或场上有人受伤时，可轮换上场。

4 | 小 结

飞盘比赛在英文中叫 "Ultimate"，意思是这是一项团体运动。这项运动的独特之处在于，它没有设裁判员一职，而是让双方队员在场上自行比赛，而且要求他们必须尊重对方的意见，这就是飞盘精神的体现，也是这一运动成功的关键所在。极限飞盘的自判运用于全世界所有的各类、各级别比赛。

"极限飞盘精神"通过在世界范围内的广泛传播，有助于人们精神文明的提高。

保龄球

认识游戏

在古埃及的古墓中，人类首次发现公元前 5200 年前就存在保龄球的遗迹。在 13 世纪前，德国的教堂里开始流行类似保龄球的"九柱球"游戏。哪位教徒玩的水平越高，就说明这位教徒对宗教的信仰越虔诚。14 世纪以后，保龄球开始在民间流传起来，在众多玩家的大力推崇下，使其逐渐发展成为深受大众喜爱的体育竞技运动。在这一阶段，比赛的形式和规则也更加成熟。在 1951 年，成立了国际保龄球联合会。其后，经过三十多年持续不断的努力，保龄球终于成为奥运会的表演项目。到 20 世纪后期，保龄球游戏开始在我国兴起，保龄球场馆在各地如雨后春笋般出现，广大玩家通过参与保龄球游戏，使身心更加愉悦和健康。

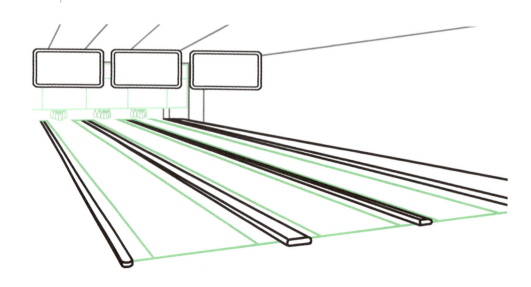

142

2 | 游戏的场地和用具

保龄球场设施齐全，球道是由细长木板条铺建的，在表面涂有一层特殊的保护油漆。

在球道上有很多说明记号，这些记号醒目地标明保龄球的投球位置和瞄准方向，对玩家打保龄球起辅助作用。

在保龄球道的两边，有两个边沟，它们清楚地标出了球道的边界。同时也告诉玩家投掷的方向是有所限制的，稍不留神，球就会投出界，而达不到得分的目的。

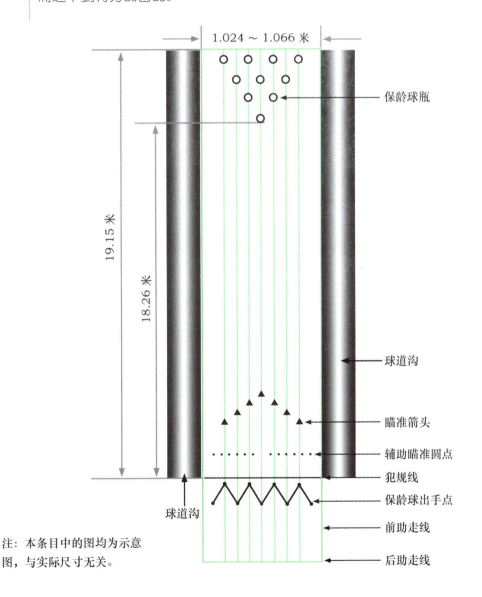

注：本条目中的图均为示意图，与实际尺寸无关。

143

在球道上，清晰地标出 7 个箭头，它代表着保龄球的滚动线路，如果玩家按照此箭头投掷出具有一定力度的保龄球，保证能击中处在相应编码位置上的保龄球。

保龄球瓶的摆放是有一定之规的。10 个保龄球瓶，按号码的序号，从左到右，从后到前顺序码放成倒三角形。

每个号码代表一个保龄球摆放的位置。

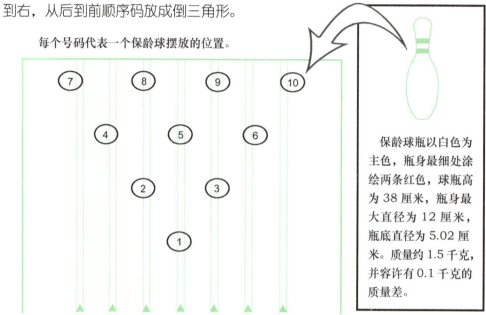

保龄球瓶以白色为主色，瓶身最细处涂绘两条红色，球瓶高为 38 厘米，瓶身最大直径为 12 厘米，瓶底直径为 5.02 厘米。质量约 1.5 千克，并容许有 0.1 千克的质量差。

保龄球道上的 7 个瞄准箭头与保龄球瓶相对应的位置。

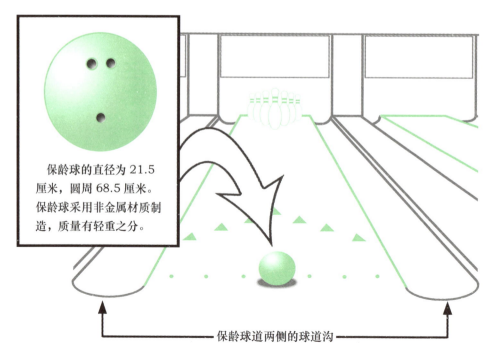

保龄球的直径为 21.5 厘米，圆周 68.5 厘米。保龄球采用非金属材质制造，质量有轻重之分。

保龄球道两侧的球道沟

144

保龄球的分类

打保龄球的玩家，可依据自己的身高和体重挑选适合自己的保龄球。这样做玩家在比赛时才不会因体重太轻而出现吃亏的问题。

 适合年龄段：中学生

女 8 磅 3.6 千克
男 9 磅 4.0 千克

 适合年龄段：青年

女青年 10 磅 4.5 千克
11 磅 5.0 千克
12 磅 5.4 千克
男青年 13 磅 5.9 千克
14 磅 6.4 千克

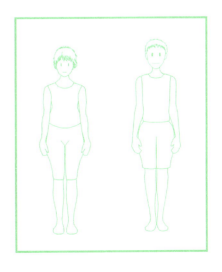

 适合年龄段：专业球员

女运动员 15 磅 6.8 千克
男运动员 16 磅 7.4 千克

保龄球鞋

专业保龄球场馆都铺有木制球道，须穿专用保龄球鞋。专用保龄球鞋具有鞋体轻便、鞋底柔软和防滑功能。

保龄球场的其他设备

专业保龄球场馆为玩家考虑得十分周全，它不仅提供一流的保龄球道，还为每一条球道的玩家提供专门的休息区。在这里除了座椅以外，还有电子计分器。在休息区旁，还配备了保龄球传送设备，玩家可随手拿到下一次投掷用的保龄球。

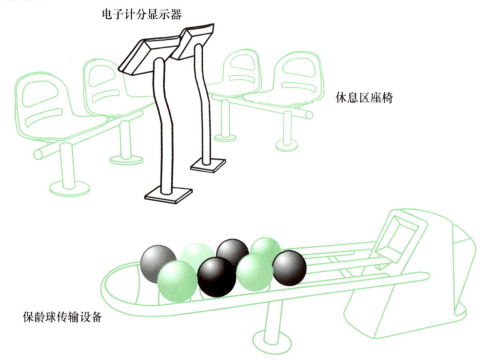

电子计分显示器

休息区座椅

保龄球传输设备

3 游戏的玩法

保龄球游戏是一种不受年龄和体质限制的室内活动。其技术动作并不复杂，简单易学，深受广大玩家的喜爱。需要提醒玩家的是，这项身体四肢均参与运动的游戏，玩之前的热身活动是不可缺少的。

热身运动

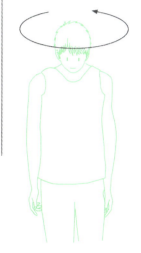 

第 1 节：头部环绕运动　　　　　　　第 2 节：脖颈左右拉伸

147

第 3 节：双臂后拉训练　　　　　　　第 4 节：身体下蹲训练

第 5 节：
脚腕旋转

第 6 节：腿部
后搬脚拉伸

第 7 节：腰部
环绕摆动

148

第 8 节：前弓步压腿

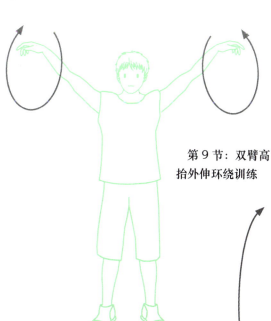

第 9 节：双臂高
抬外伸环绕训练

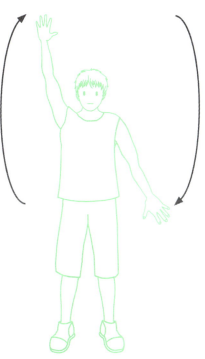

第 10 节：双臂反复
抬升和下压训练

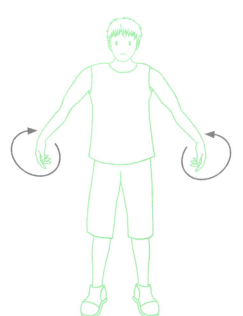

第 11 节：手腕
环绕放松

热身训练，可有效地
防止玩家在打保龄球时发
生抽筋或扭伤。

149

手持球姿势

保龄球有两种孔洞，一种是三孔，另一种是九孔。玩家可依照自己选择的保龄球类型，将右手的拇指全部插入球孔，而中指和无名指分别插入另外两个孔洞之中，插至第二关节即可。

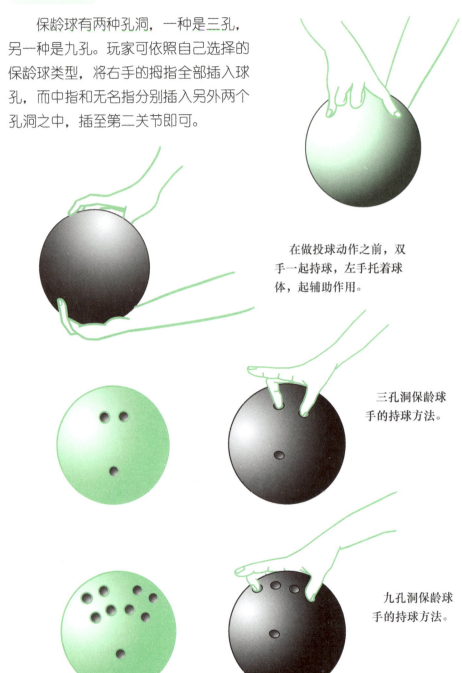

在做投球动作之前，双手一起持球，左手托着球体，起辅助作用。

三孔洞保龄球手的持球方法。

九孔洞保龄球手的持球方法。

150

玩家无论选择哪种类型的保龄球和哪种持球方法，自己感到适合最重要。

手持球的摆动

学会持球以后，接着就要练习手臂持球摆动。在正式打保龄球时，手持球做较大幅度地前伸和后摆动作，它考验着玩家的手指强度和手臂力量。

动作 1，双手将保龄球托在胸前。

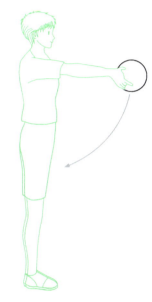

动作 2，右手前伸，与肩部持平。

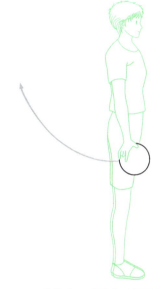

动作 3，手臂向后摆动的过程中下垂至大腿侧部。

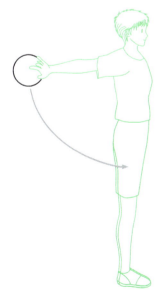

动作 4，手臂使劲向后摆动到抬升的极限。

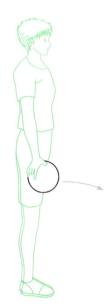

动作 5，手臂用回摆的力量向前，准备抛球。

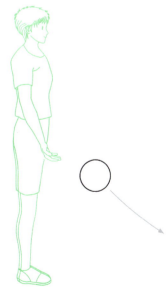

动作 6，手在回摆的过程中将球抛出。

要想打好保龄球，标准的摆动姿势非常重要。只有姿势正确，抛出的保龄球才能按照玩家想要的方向滚动。

保龄球用力向身后摆动到极限的位置，越靠后往前回抛的力量才能越大。

当保龄球向前抛的时候，手指顺势自然地滑出孔洞，使球体顺利抛出。玩家的身体也要尽量呈下压的姿势，左腿下压弓步，右腿向后滑步。

保龄球向前抛出后，玩家的右手要顺力向上抬升，准备做一个完整的收势动作。

7 个基本动作

分解打保龄球的技术动作，总共为 7 步。每一步都有重要的技术要求。了解这些，有利于玩家充分掌握这些看似简单的基本动作，使自己的保龄球打得更准、更好。

第一个动作　持球

双手持球前伸，右手作为投手，将拇指、食指和中指分别插进三个孔洞之中。右脚准备向前迈步。

第二个动作　伸出

双手一起下垂伸出，右手持球，两眼向球道方向看，身体稍微前倾，右腿跟着向前迈一步。

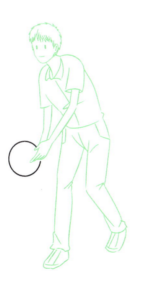

第三个动作　落下

左手离开保龄球，右手持球摆到身旁时左腿向前迈一步，双眼继续盯住前方，注视着投球线路。

第四个动作　后摆

当右手持球落到最低处时，右手臂做向后摆动的动作，所持之球尽可能向后摆至与肩平行处，这时右脚向前迈一步，左臂向后伸展开起辅助平衡的作用。

第五个动作　滑步

右手所持之球已从后面回落摆到身体前方，这时左脚向前迈一步，右脚顺势向后方滑步，将整个身体下压。

第六个动作　出球

左脚向前方滑步至出手线处，右脚同时向后方滑步，身体继续下压。当右手臂摆动到左脚踝骨处，离地面约 10 厘米，此高度是最佳出球位置，此时应果断将球投出。

第七个动作　收式

当球离手后，右手向头的上方抬升，左手向后侧伸展，右脚向前迈至左脚旁，身体直立，眼睛始终盯住向前滚动的保龄球，整个动作要保持连贯流畅。直到球击倒球瓶后，全套动作才算完成。

三步助走法

投球前只需走三步，保龄球就可出手。步伐简单，掌握容易。

什么样的助走法最适合自己，要通过实践来决定。玩家在正式学习投球助走法时，可先试试哪种方法最适合自己。当选好后，就要反复练习至熟练为止。

持球，站在助走起点。　　　伸出双手时迈出第一步。

双手落下和右手后摆时迈出第二步。　　滑步和出球时迈出第三步。

出球后准备做收式，即结束动作。　　做收式时身体立起，右脚向左脚旁收回。

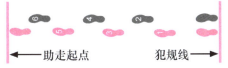

助走起点　　　犯规线

助走起点选择方法是先站在犯规线的后边，转身向回走六步半的位置，就是自己助走的起点。

155

四步助走法

四步助走法是玩家最广泛使用的助走法，可见这种步法最适合协调身体四肢的动作。

持球时，双脚站在助走起点。

伸出时，右脚迈出第一步。

落下时，左脚迈出第二步。

后摆时，右脚迈出第三步。

滑步回摆时，左脚迈出第四步。

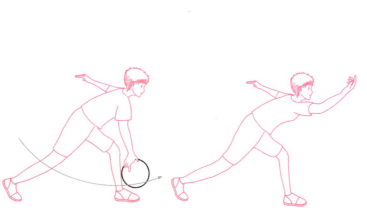
左脚向前迈步后，右脚向后同时滑步。

出球后准备做收式，即结束动作。

做收式时，右脚向左脚旁收回。

五步助走法

玩家选择几步助走法，与本人的身高有直接关系。一般身材较矮的玩家步幅小，可选择五步助走。反之，身材高大的玩家步幅较大，可选择三步助走法。

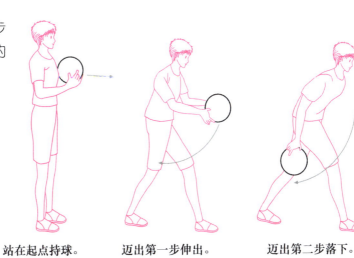

站在起点持球。　　迈出第一步伸出。　　迈出第二步落下。

手臂落下迅速后摆。　　迈出第三步，手臂从后向前摆动。　　迈出第四步，继续回摆。

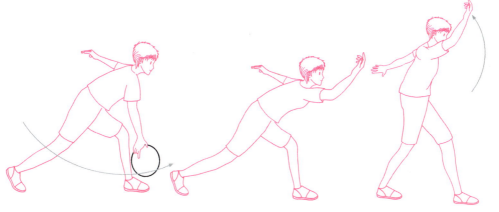

迈出第五步，左脚向前，右脚向后，同时做滑步动作并出球。　　身体尽量压低姿势，右手出球，准备做收式。　　收式动作保持至球击球瓶后结束。

157

三种助走法的比较

三步助走法	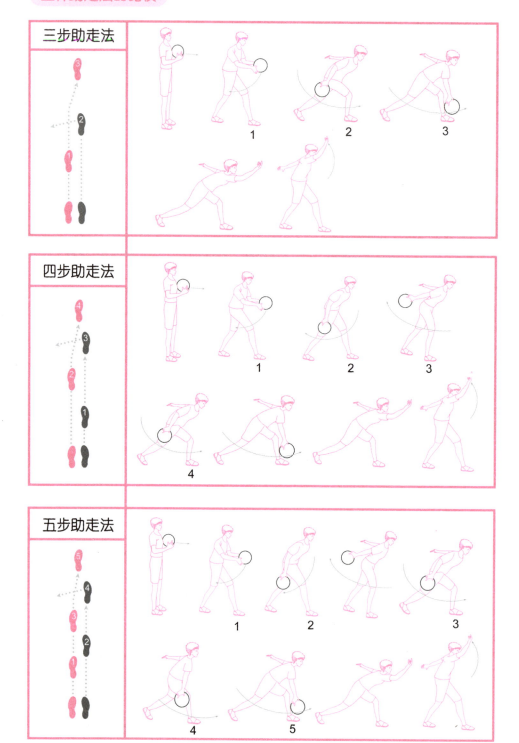
四步助走法	
五步助走法	

158

曲线投球法

　　曲线球也叫弧线球，与直线球不同之处就在于增加了翻手腕的动作。

　　曲线投球最关键的动作就是在球出手时，做一个手部的 90°翻转，使侧旋的球在前进中沿曲线滚动。旋转可增加球击球瓶的力度。但曲线球的难度比较大，只有具有一定水平的熟练玩家才能有效地控制好球路，达到最佳的击球效果。

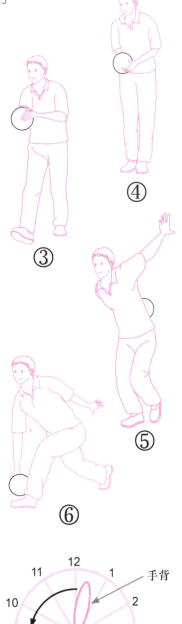

①　②　③　④　⑤　⑥　⑦　⑧

手的翻转动作
　　在球出手瞬间，持球手腕向内逆时针翻转。

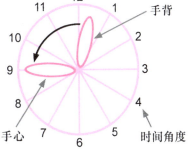

159

飞碟式投球法

近年来，玩家中比较流行飞碟式投球法。这种打法的最大好处是玩家不再受球道的限制，球撞击球瓶的力度很大，动作简单，容易掌握。

手的翻转动作

　　飞碟式投球法在投球时，大拇指、食指和无名指顺时针旋转，带动手腕和手掌达到翻转的目的。

正确的投球路线

　　玩家奋力一投后，保龄球能否被全部击倒，直接关系到能否得到较高的分数。

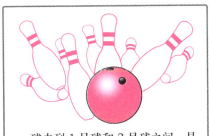

球击到 1 号球和 3 号球之间，是全部击倒 10 个球瓶的最佳路线。

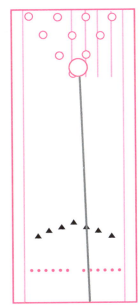

　　直线击球法的最佳击球路线是：从右边辅助瞄准点最靠中间位置的点起，通过右边第三个瞄准箭头，一直指向 1 号球瓶和 3 号球瓶之间。这条路线基本能保证同时击倒全部球瓶。

　　曲线球在球出手时，要做一个翻掌的动作来增强球滚动的力度。

　　球从最右边的瞄准箭头进入球道，在滚到离球瓶 2～3 米时出现一个大转弯，直接撞到 1 号和 3 号球瓶之间。

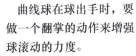

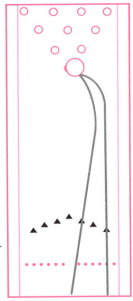

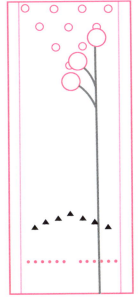

　　保龄球出手后通过 2 号瞄准箭头，直行到 1 号和 3 号球瓶之间，将 10 个球瓶全部击倒。由于球具有侧旋性，故击中率较高。

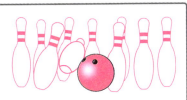

　　如果球没有被全部击倒，玩家还有第二次投掷机会。两次打倒的球瓶分数相加，就是一格的得分值。

161

投球姿势不正确很可能形成错误的投球路线，将球投歪或直接滚到边沟中。

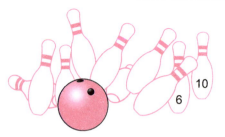

投球路线错误时，就会出现不能将所有球全部击倒的情况。如球击到 2 号和 1 号球瓶之间，有可能导致 6 号和 10 号球瓶未被击倒还需补投命中才能完成本格或本局的记分。

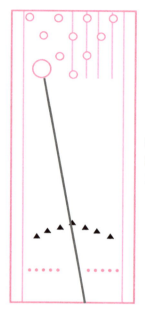

保龄球一出手，就直接斜过中间的瞄准箭头奔向左边 1 号球而去。

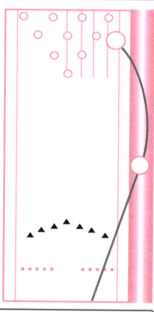

有些球虽然滚进边沟中，但由于球的旋转力度大，会再次将球从边沟中重新弹到球道并击倒球瓶，这种情况会被判为失误。

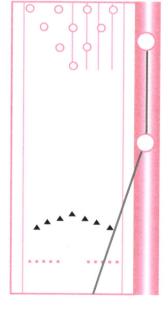

玩家在球出手时，由于身体缺乏稳定性，导致动作失误，使球从右瞄准线外侧直接滚进右侧边沟中。

在第一击后，有些球瓶没有被击倒而且相距较远，不可能被第二击同时击倒就叫分瓶。

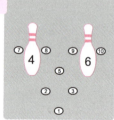

在第一击后，7 号和 10 号球瓶，4 号和 6 号球瓶未倒，这就造成分瓶现象。

保龄球记分规则和方法

本节介绍保龄球记分的基本规则，虽然在保龄球球场均设有电脑记分设备，但如果玩家事先详细了解每格的记分方法，便可制定更完美的投掷计划。

保龄球的记分方法比较复杂，并不像其他游戏的记分，而是依据本轮实际得分，与前一轮和后一轮的得分结果都有关系。玩家刚开始接触时，可能会感觉很繁杂，怎么也理不清楚，下面为玩家详细解读记分方法。

记分规则

标记	名称	定义
X	全中	投出的保龄球第一次将所有球瓶全部击倒。
/	补中	投出的保龄球第一次只击倒部分球，第二次补投后将剩余的球全部击倒。
F	犯规	投球时脚踩到犯规线或脚或身体的一部分从犯规线上面越过。
—	失误	投出的保龄球滚进球道的边沟里。
S	分瓶	第一次投球后，当所剩下没倒的球瓶分别是 4 和 6 号瓶，7 和 10 号瓶时，这就叫分瓶。第二次投球时，几乎不可能同时将这两个离得比较远的球瓶一起击倒。故第二次投球按实际击倒的球数计分。

记分方法

保龄球的一局按十轮 21 格计分，也有一局十格说法。对每一轮，有两次投球机会，当第一次投球全中计 10 分时，就不再投第二球了。如第一次投球只击倒部分球瓶，则可以补投一次以击倒其他球瓶，这种情况为补中，得分是本轮投球数加后一轮投球数的和。第一轮至第九轮，每一轮可投球两次，但第十轮可以投球三次。投球击倒多少球，就得多少分。记分的方法种类很多，说法不尽相同，不容易很快掌握，现介绍几种简单的计分方法。

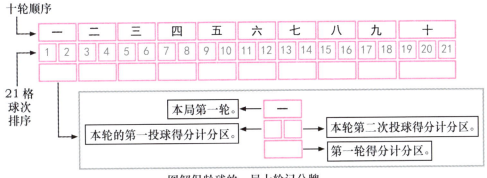

图解保龄球的一局十轮记分牌

163

第一轮得分需加上第二轮两次投球的分数，后一轮的得分方式也对前一轮的最终得分数起作用。

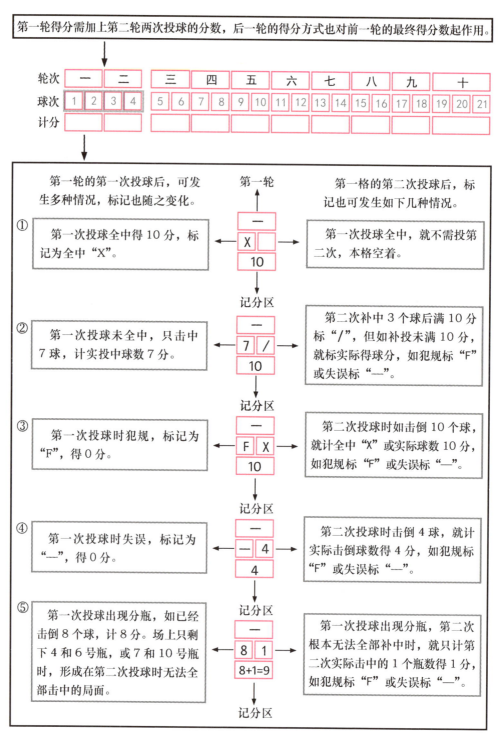

轮次	一		二		三		四		五		六		七		八		九		十		
球次	1	2	3	4	5	6	7	8	9	10	11	12	13	14	15	16	17	18	19	20	21
计分																					

第一轮的第一次投球后，可发生多种情况，标记也随之变化。

第一轮　　第一格的第二次投球后，标记也可发生如下几种情况。

① 第一次投球全中得10分，标记为全中"X"。

第一次投球全中，就不需投第二次，本格空着。

— / X / 10 / 记分区

② 第一次投球未全中，只击中7球，计实投中球数7分。

第二次补中3个球后满10分标"/"，但如补投未满10分，就标实际得球分，如犯规标"F"或失误标"—"。

— / 7 / / / 10 / 记分区

③ 第一次投球时犯规，标记为"F"，得0分。

第二次投球时如击倒10个球，就计全中"X"或实际球数10分，如犯规标"F"或失误标"—"。

— / F / X / 10 / 记分区

④ 第一次投球时失误，标记为"—"，得0分。

第二次投球时击倒4球，就计实际击倒球数得4分，如犯规标"F"或失误标"—"。

— / 4 / 4 / 记分区

⑤ 第一次投球出现分瓶，如已经击倒8个球，计8分。场上只剩下4和6号瓶，或7和10号瓶时，形成在第二次投球时无法全部击中的局面。

第一次投球出现分瓶，第二次根本无法全部补中时，就只计第二次实际击中的1个瓶数得1分，如犯规标"F"或失误标"—"。

— / 8 / 1 / 8+1=9 / 记分区

164

当玩家计算出第一轮得分后，还要加上后面第二轮的两次投球的得分，才能计算出第一轮的准确得分。第二轮至第九轮计分算法与第一轮不同，它们除了本轮得分加后一轮的1次或2次得分外，还要加前一轮的得分才算出本轮最终得分。第十轮的计分方法在后面另解。

第一轮得分计算实例:

灰框为
得分相 →
关区域

例1: 第一轮全中后可加上后面2球的得分。

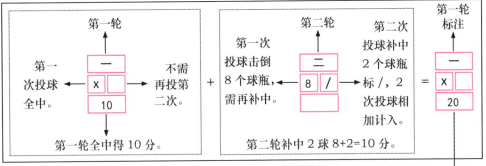

第一轮计分结果: 10+8+2=20。

例2: 第一轮补中, 只能加上后面第二轮1球的得分。

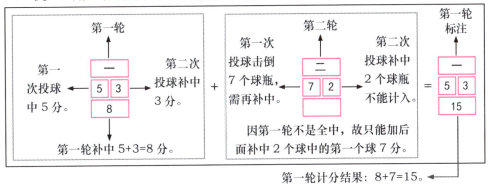

第一轮计分结果: 8+7=15。

例3: 第一轮补中, 第二轮第一个投球犯规, 得分为0。

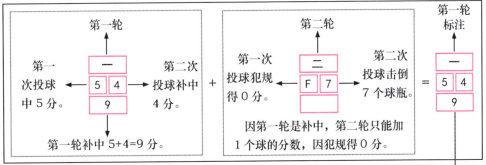

第一轮计分结果: 9+0=9。第二轮第一次投球犯规,
而第二次投球所得7分不能计入第一轮的总分中。

165

掌握保龄球第一轮投球计分方法非常重要, 后面第二轮至第九轮与第一轮
计分方法也要加上前一轮的分数而累计, 其既有共性, 也有异性。

第二轮得分计算实例：

一			二			三			四		五		六		七		八		九		十	
1	2	3	4	5	6	7	8	9	10	11	12	13	14	15	16	17	18	19	20	21			

灰框内为第二轮计分相关区域。

例1：第二轮补中后，先加上第一轮的得分，再加上后面2球的得分。

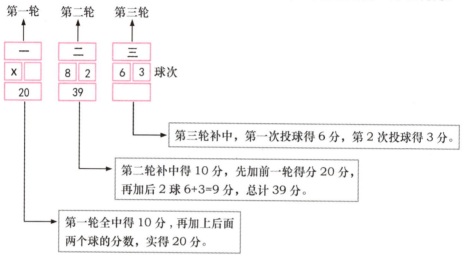

第三轮补中，第一次投球得6分，第2次投球得3分。

第二轮补中得10分，先加前一轮得分20分，再加后2球6+3=9分，总计39分。

第一轮全中得10分，再加上后面两个球的分数，实得20分。

例2：第二轮第一次投球全中后，先加上第一轮的得分，再加第三轮球的2球得分，但第三轮第一个投球出现失误，其计分方法较复杂。

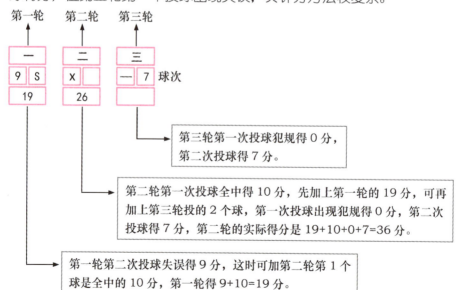

第三轮第一次投球犯规得0分，第二次投球得7分。

第二轮第一次投球全中得10分，先加上第一轮的19分，可再加上第三轮投的2个球，第一次投球出现犯规得0分，第二次投球得7分，第二轮的实际得分是19+10+0+7=36分。

第一轮第二次投球失误得9分，这时可加第二轮第1个球是全中的10分，第一轮得9+10=19分。

166

学会了第二轮的计分方法，也就掌握了第三轮至第九轮的计分方法。

第十轮计分与前面九轮都不同，它可以投 3 次球。每次投球时现场都会摆放 10 个球瓶，不存在全中后场上无球瓶的场面。还要加上前九轮累计的分值，计算实例：

灰框内为第十轮计分相关区域。

例 1：第十轮投中的 3 个球，再与前面第九轮的得分相加，才是第十轮的最终得分。

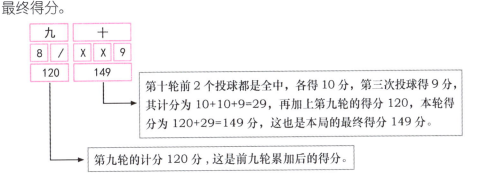

第十轮前 2 个投球都是全中，各得 10 分，第三次投球得 9 分，其计分为 10+10+9=29，再加上第九轮的得分 120，本轮得分为 120+29=149 分，这也是本局的最终得分 149 分。

第九轮的计分 120 分，这是前九轮累加后的得分。

例 2：第十轮第三次投球出现失误为 0 分，计分只计第一次和第二次投球的得分，失误并不影响本轮的得分。

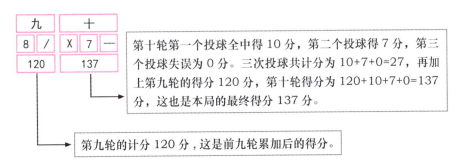

第十轮第一个投球全中得 10 分，第二个投球得 7 分，第三个投球失误为 0 分。三次投球共计分为 10+7+0=27，再加上第九轮的得分 120 分，第十轮得分为 120+10+7+0=137 分，这也是本局的最终得分 137 分。

第九轮的计分 120 分，这是前九轮累加后的得分。

例 3：第十轮第二次投球出现失误为 0 分，计分只计第一次的得分，失误后取消投第三个球的资格。

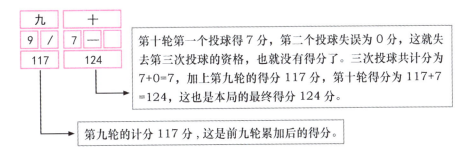

第十轮第一个投球得 7 分，第二个投球失误为 0 分，这就失去第三次投球的资格，也就没有得分了。三次投球共计分为 7+0=7，加上第九轮的得分 117 分，第十轮得分为 117+7=124，这也是本局的最终得分 124 分。

167

第九轮的计分 117 分，这是前九轮累加后的得分。

例 4：第十轮在投第二个球时犯规，也就取消了继续投第三球的资格。

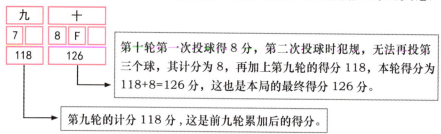

第十轮第一次投球得 8 分，第二次投球时犯规，无法再投第三个球，其计分为 8，再加上第九轮的得分 118，本轮得分为 118+8=126 分，这也是本局的最终得分 126 分。

第九轮的计分 118 分，这是前九轮累加后的得分。

例 5：第十轮第一次投球出现犯规，仍可继续第二次投球，但投第三个球的资格被取消。

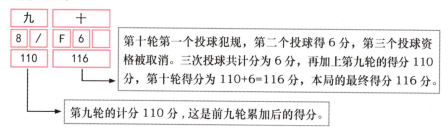

第十轮第一个投球犯规，第二个投球得 6 分，第三个投球资格被取消。三次投球共计分为 6 分，再加上第九轮的得分 110 分，第十轮得分为 110+6=116 分，本局的最终得分 116 分。

第九轮的计分 110 分，这是前九轮累加后的得分。

例 6：第十轮第一次和第二次投球出现犯规或失误，直接取消投第三个球的资格，本轮无分。

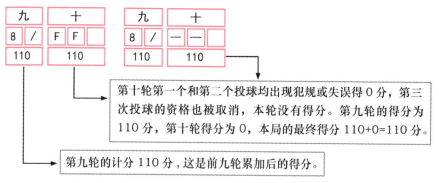

第十轮第一个和第二个投球均出现犯规或失误得 0 分，第三次投球的资格也被取消，本轮没有得分。第九轮的得分为 110 分，第十轮得分为 0，本局的最终得分 110+0=110 分。

第九轮的计分 110 分，这是前九轮累加后的得分。

例 7：第十轮第一次和第二次投球，不是出现犯规，就是出现失误，直接取消投第三个球的资格，本轮无分。

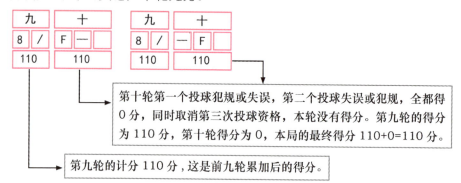

第十轮第一个投球犯规或失误，第二个投球失误或犯规，全都得 0 分，同时取消第三次投球资格，本轮没有得分。第九轮的得分为 110 分，第十轮得分为 0，本局的最终得分 110+0=110 分。

第九轮的计分 110 分，这是前九轮累加后的得分。

计分方法重点总结

1. 在每一轮中投出全中，就不用再投第二个球，还可以加上后面的 2 个投球得分；

2. 在每一轮补中得 10 分后，也可加上后面 2 个球的得分。

3. 如本轮补投时的得分未达到 10 分，就只能加后面投出 1 个球的分数。

4. 在第十轮的第一次和第二次投球如投出全中时，仍可再投第三个球。

5. 在第一轮至第九轮，如果第一个投球出现失误或犯规，不影响投第二个球，仍可计第二个投球的分数。

6. 在第十轮第一个投球失误或犯规，仍可继续投第二个球，但取消了投第三个球资格，只可计第二个球的分数。

7. 在第十轮第二个投球出现失误或犯规，就直接取消第三次投球资格。只可计第一次投球的分数。

8. 在各轮计分中，都要加上前一轮的得分，才是本轮的最后得分。

9. 有时会出现比较复杂的情况，玩家可以多看各种球局的计分方法，更深入了解保龄球的计分规则。

以上只是简单入门，要想真正掌握计分方法，玩家需在实践中计算练习。

保龄球最佳球局

喜欢打保龄球的玩家，都期盼能打出全中球局。

一	二	三	四	五	六	七	八	九	十
X	X	X	X	X	X	X	X	X	X X X
30	60	90	120	150	180	210	240	270	300

一个球全中，一个球补中，也是玩家打出的有趣球局。

一	二	三	四	五	六	七	八	九	十
X	9 /	X	7 /	X	2 /	X	5 /	X	1 / X
20	40	60	80	100	120	140	160	180	200

保龄球比赛

两位以上玩家同时玩保龄球时，就可以用比赛的方式进行游戏。比赛开始前先以抽签的方式决定赛道，如果只有一条赛道，就决定先后顺序。在两人有两条赛道时，每轮投完后就互换赛道，至本局比赛结束。参与玩家在 3 人以上时，就应按 A、B、C 的顺序安排赛道，尽量让每位玩家都能在比赛中相遇，机会相等才能体现公平。一般比赛时采取六局制，将六局的比分相加，其累计的分数决定名次。

1. 单人赛。将个人六局的总分相加，得分最多的玩家为冠军，其次依得分排名高低决定亚军和季军。

2. 双人赛。将个人六局的总分相加，按个人总分的高低决定名次。

3. 三人赛。将个人六局的总分相加，按个人总分的高低决定名次。

4. 五人赛。将个人六局的总分相加，按个人总分的高低决定名次。

5. 全能赛。将个人参加比赛局数总分相加，按个人总分的高低决定名次。

6. 精英赛。先进行分组赛，如先按 4 人一组，每人六局全能赛。每组总分的第一名再进行十五局单循环赛，总分排序的前 4 名参加挑战赛。第一局是 1 对 2，3 对 4。第二局是第一局两组的胜者进行决赛，胜者为冠军，其他 3 人按总分的高低再来决定亚军和季军。

保龄球场的礼仪

第一，进投球区后，需要更换保龄球专用鞋。第二，只能用自己选的球。第三，不投球时不可以随意进入投球区。第四，让做好投球准备的人先投球。第五，左右两道的人同时要投球时，由右边的人先投球。第六，在投球区，尽量缩短准备投球姿势的时间。第七，投球完不宜继续待在投球区。第八，不可投出高球。第九，不可打扰正在投球的人。第十，不在投球区挥动保龄球。第十一，成绩不好时，不要迁怪他人或球场设备。

球场外也能打保龄球

采用饮料瓶代替保龄球瓶的替代方式，在正规保龄球场外的任何适宜地点，玩家都可以玩这种简易的"保龄球"游戏。

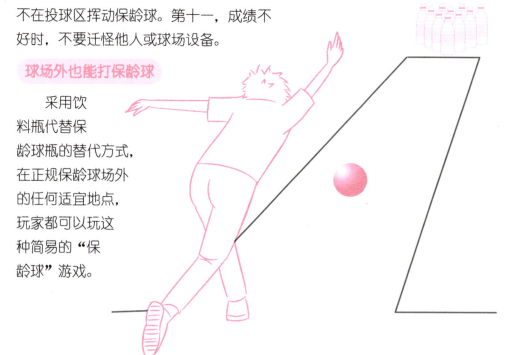

这种简易保龄球的记分方法可以简单一些，使用一局 100 分的计分方法，进一球记 1 分，不加倍数。这样做，可省略复杂的计分过程。玩家聚在一起，也会玩得很过瘾。

如果举行对抗赛制，可组成多个参赛队，最后以计分多少决出第一名。

4 小 结

保龄球之所以深受广大玩家欢迎，就是因为它是一项室内游戏，玩起来不受时间、天气的限制。玩家在游戏的同时，既锻炼了身体，又放松了精神。

保龄球游戏的另外一个优点是，它老少皆宜，技巧简单，几乎没有任何危险，可以称为安全系数最高的游戏。

玩家在业余时间聚集在一起进行对抗赛，不仅体会到游戏的趣味性，又可结交新朋友，真是其乐无穷。

单板滑雪

1 认识游戏

喜爱滑雪的玩家越来越多。单板滑雪在年轻又追求时尚的玩家眼中显得更酷，更具有挑战性。玩家矫健的单板滑雪身影，往往给白雪皑皑的滑雪场增添出一道更亮丽的风景线。

滑雪板是由多种复合材料压制而成的，它具有结实、耐磨等特点。

2 游戏的场地和用具

单板滑雪板板面较宽，能横着踩上玩家的两只脚。在合适的位置安上两个捆绑带，便可使玩家的双脚固定在滑雪板上。

捆绑带

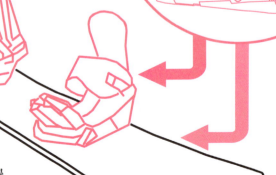

172 两个捆绑带已安装在单板上。玩家在上板前一定要仔细检查安装得是否牢固。

滑雪装备很多，功能各不相同，可以最大程度地保护玩家在滑雪时的安全。

滑雪有色眼镜

滑雪帽和护颈套

滑雪手套

护 肘

护 腕

护臀裤

滑雪靴

护 膝

滑雪板和捆绑带

在群山峻岭中，滑雪道弯弯曲曲地穿林而下。正规滑雪场一般都有缆车送玩家到达山顶。

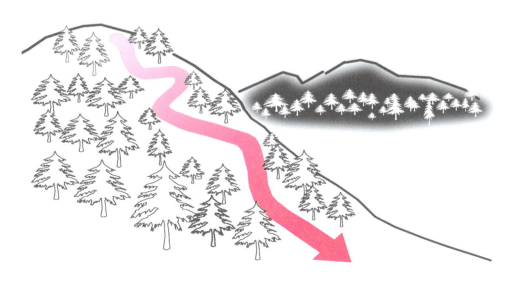

173

3 游戏的玩法

热身运动

　　玩家在参与滑雪健身游戏前，都应该做适当的热身活动，这样做将大大减少玩家在活动中受到伤害的可能。

第一节：头颈拉伸。

第三节：侧身拉伸。

第四节：背和大腿拉伸。

第二节：肩背拉伸。

第五节：腰和臀拉伸。

第六节：股关节拉伸。

第八节：胸和腹部拉伸。

第七节：手腕和手指关节拉伸。

第九节：大腿后侧肌肉群拉伸。

做完热身活动后，玩家就可以踩上滑雪板了。

站板姿势

初学滑雪的玩家，应该先识别好滑雪板的板首和板尾，再确认自己的前后脚。比如做一个投垒球的抬腿姿势，你自然抬起的那条腿，就是你的前腿，应该让它一直踩在滑板的前方。

前进方向是板首，前脚踩在位于板首方的位置。

后脚踩在板尾一端。

速度板站姿，双脚持平行状，对于现代的玩家来说，它已经不太流行了。

自由板站姿是目前较为流行的站板方式。玩家的双脚呈外八字状，在滑行时比较自由，容易调整各种滑行姿态。

175

玩家上板以后，当身体感觉到能够控制滑板的平衡后，就要学习掌握有效利用双刃控制好滑板前进方向的技巧。

正面左右滑行

刚开始练习滑行时，可以将位于前进方向的手臂抬起，像指引自己前进方向似的。正面左右滑行的要领是左右腿重心的不断转换。

脚后跟指向的滑板边缘为后刃。

脚尖指向的滑板边缘为前刃。

站在滑板上，身体的重心放在前腿，双膝稍微弯曲，后腰要直，双眼注视着前进的方向。只有身体的重心低了，滑行时才能比较平稳。

向前摔倒保护

在滑雪过程中，摔倒是不可避免的。要掌握在向前摔倒时的保护性动作，以尽量减少对身体的伤害。

① ② ③ ④

在向前摔倒时，先把双前臂向上抬起，双手呈握拳状。不要用双手去撑扶地面，而是将前半身向地面伏下去。如果用双手去扶地，可能会引起手腕或手臂的骨折。

向后摔倒保护

在滑雪时身体向后摔倒也是比较常见的。这时如果直接蹲坐在地上，很可能引起脊椎和腰椎的压缩性骨折；如果双手向后撑地，也可能引起手腕和手臂骨折等各种身体伤害。所以事先掌握防范受伤的保护性动作是一件非常重要的事。

玩家在学习滑雪的同时，一定要积极练习应对摔倒的保护动作，等身体对防范动作熟悉后，习惯成自然，到真的出现意外，向前或向后摔倒时，身体就会自然而然地做出防止身体受伤的动作。

在向后摔倒时，双手放在身体前方，立刻做一个类似后滚翻的滚动动作，但不是直接翻滚过去，而是翻到背部触地时，再荡回向前翻。直接消除落地时的冲击力。

① ② ③ ④ ⑤

正向推板

采用横板下滑的姿势就是正向推板。正向推板与正向刹车相似，就像踩着刹车开车一样。

做正向推板动作，首先要正确掌握站板姿势，背部要挺直，双腿略微弯曲，手臂垂在身体两侧。

从山上向下滑的过程中，山坡的地形千变万化。当遇到陡坡时，滑行的速度突然变得飞快。这时，玩家如果想控制下滑的速度，可以使用正向刹车的动作，则可立即使下滑减速或停止。

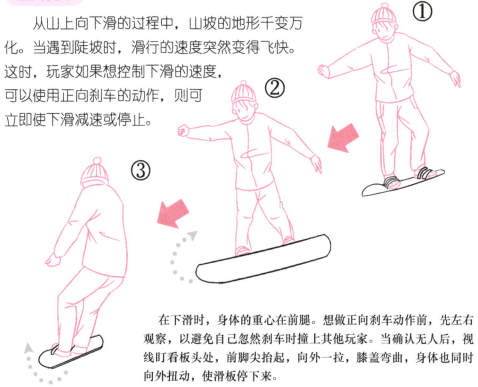

在下滑时，身体的重心在前腿。想做正向刹车动作前，先左右观察，以避免自己忽然刹车时撞上其他玩家。当确认无人后，视线盯看板头处，前脚尖抬起，向外一拉，膝盖弯曲，身体也同时向外扭动，使滑板停下来。

背向刹车

在飞速下滑的过程中，玩家如想暂停下来，也可以做背向刹车动作。

背向刹车的动作要领和正向刹车类似。一开始先双腿弯曲，前脚向后带板，好像急转弯一样，将下降的滑板横推，起到制动作用。

正面坐下站起

玩家在穿单板滑板时，一般都是坐在地上的。当穿完滑板想要站起来时，先用左手扶住滑板的前刃，右手扶在地上一撑，利用反弹的力量站起来。

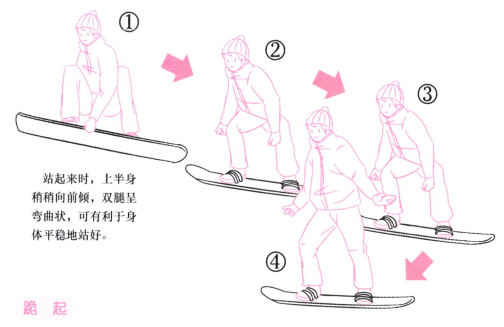

站起来时，上半身稍稍向前倾，双腿呈弯曲状，可有利于身体平稳地站好。

跪 起

跪起的动作比较容易掌握，双手一起用力撑地，使身体站立起来。

跪起的动作不适合在有斜度的陡坡上做。此时应让滑板横着，玩家面向山上方，用前刃压住雪面，双膝稍弯，抬起头，随时调整身体的平衡状态。

在横向推板滑行的过程中，如想要停下来，可利用反推板技术，造成反向刹车。

反推板时，脚尖用力控制滑板的前刃，脚跟下压后刃，使滑板的前刃抬起，双肩向后用力，双手自然垂在身体两侧。

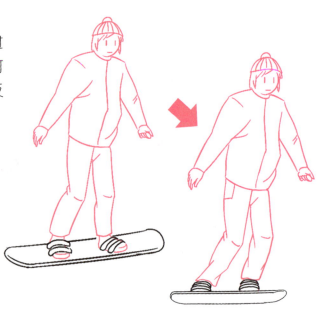

展开双臂正面左右滑行

这是一个初学玩家的辅助动作。刚入门学滑雪的玩家，在练习正面左右交换滑行动作时，容易出现一些错觉，致使动作变形。如果把双臂向身外展开，可有效地纠正该动作的技术偏差。

玩家在初学正面左右滑行时，比较容易出现只转头、不转身的情况，这时展开双臂的话，可利用双臂带动整个身体的转动，使全套动作协调一致。

把原来脚尖用力
变为脚跟用力，反过
来再把脚跟用力变成
脚尖用力。通过身体
重心的转移，可达到
左右转弯的目的。

脚跟用力时，身
体向后倾。当脚尖
用力时身体向前倾。

转　身

在滑雪中要转身时，适当调节左右
腿的力度，使身体转过去或转过来。

在转身时，依据自己要转
身的方向，变换左脚或右脚。
如果想向右转，右脚便是轴
心，即右脚用力推压板，左
脚适当放松并适度悬空，随
身体向右转身。相反向左转，
也是以左腿为轴心转动。

4 小 结

进入 21 世纪以后，人工滑雪场的建造已呈迅猛增长之势。滑雪场各类设施应有尽有，如运送缆车、雪道维护，安全急救、旅馆、餐饮、交通等非常齐全，成为人们在冬季休闲、娱乐、健身的好去处，深受广大玩家的欢迎。

滑雪游戏由于在冰天雪地上进行，所以安全防范意识尤其重要。需要提示的是：

第一，初学玩家最好跟有经验的玩家一起学着玩，或在专业教练指导下学习滑雪，千万不要冒进，要量力而行。

第二，一定要在安全、可靠的雪道上滑行。有些已会滑雪的玩家喜欢冒险滑野雪，由此会发生一系列不可预知的危险事件，给自己和家庭带来不幸。如果玩家在野外走失，还需调用大量人力、物力进行搜救，也会加大额外的社会成本。

第三，在穿戴滑雪装备时，一定要严格检查脚上穿的滑雪靴和滑雪板的捆绑带（固定器）是否卡扣紧实。

第四，在遇到人多的时候，无论做什么动作，都要注意观察周围的环境，同时也要注意避让其他玩家的各种动作。要与其他玩家保持适当的距离，防止发生不必要的冲撞。

双板滑雪

1 认识游戏

自古至今，滑雪就是人们冬季的出门方式和民间娱乐活动。进入现代以来，逐渐发展成为群众性的冬季娱乐活动。自滑雪列为奥运会正式比赛项目后，这项活动已经普及到所有拥有雪域的国度。滑雪游戏可分为竞技体育运动、大众体育活动和大众休闲娱乐游戏三大类。

滑雪是一项全身运动，它极富刺激性和运动感。对于初学者，要想真正掌握滑雪的技巧，最好在专业教练的指导下进行规范的基础训练。训练不正规，形成了错误姿势，以后再想改正错误姿势，将是一件非常困难的事。

除了专业化的基础训练外，玩家还要了解当地的地理环境和气象条件，掌握相关的急救常识，携带必要的急救用品。

一些人造滑雪场建造得离城市较近，为玩家提供了很大的便利。目前参加这项游戏的人数逐年递增。滑雪时一定要注意安全。

2 游戏的场地和用具

根据玩家水平的不同，人造滑雪场的滑道有高有低，有长有短，有缓有陡，尽量让每位玩家都能玩得尽兴。

在滑雪场可以轻易租借到种类齐全的滑雪装备，有手杖、滑雪板、滑雪靴、滑雪蜡、滑雪装、头盔帽、有色眼镜、防风眼镜和各种固定器等。只有你想不到的，没有你借不到的。如果玩家想自购滑雪用品，一定要购买质量合格的产品。

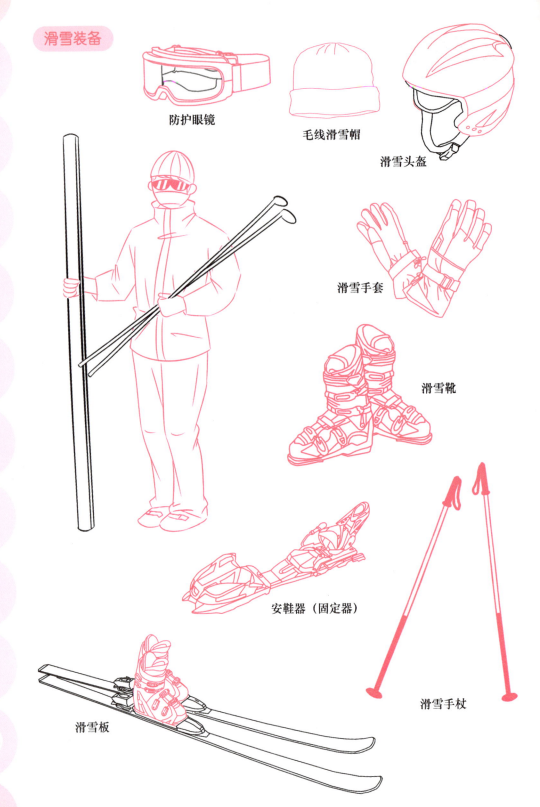

滑雪装备

防护眼镜

毛线滑雪帽

滑雪头盔

滑雪手套

滑雪靴

安鞋器（固定器）

滑雪手杖

滑雪板

3 游戏的玩法

热身活动

滑雪虽然是一项大众休闲性活动，但是运动程度也比较剧烈。参加前做些热身活动是必不可少的。将身体各部位的肌肉和关节充分地活动，避免因动作过快或过猛而引起抽筋或肌肉拉伤。在滑雪时要注意防寒防冻，采取必要的保暖措施。

头部运动

活动肩部

下蹲运动

膝盖左右旋转

下坐起身练习

俯背运动

抬腿活动

内外摆腿活动

185

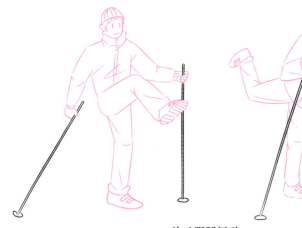

前后踢腿运动

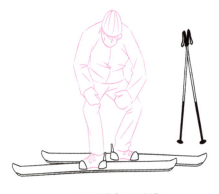

滑板横向下压腿

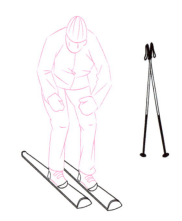

滑板纵向下压腿

前刻板压腿

后刻板压腿

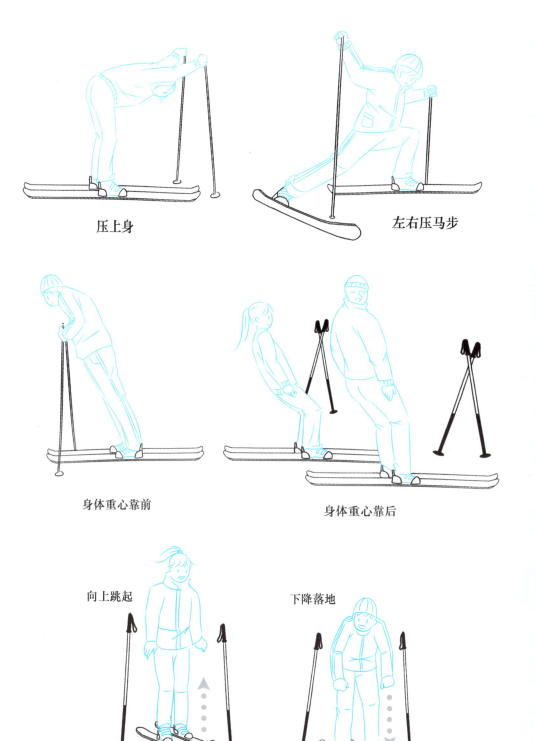

压上身　　　　　　　　左右压马步

身体重心靠前　　　　　身体重心靠后

向上跳起　　　　下降落地

原地放松跳跃

187

熟悉滑板

　　在正式滑雪前，玩家先要认识自己的滑板。当脚穿上滑雪靴踏上安鞋器后，脚与滑板成为一个整体。利用脚作为支点来变换身体的不同姿势，感受身体在做各种姿势时重心的位置在哪里，身体哪个部位该用力，哪个部位需放松，在正式滑雪前全都熟悉一遍。

由于固定器对脚的控制作用，身体前倾时，小腿和脚腕要注意均衡用力，玩家可体验压板尖的感觉。

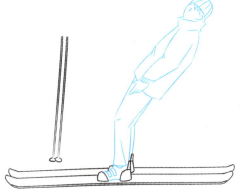

初学的玩家在做身体后仰的动作时，一开始会心存疑虑，不敢后仰。消除恐惧心理对日后的滑雪非常重要。这个动作可体验压板尾的感觉。

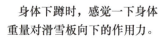

身体下蹲时，感觉一下身体重量对滑雪板向下的作用力。

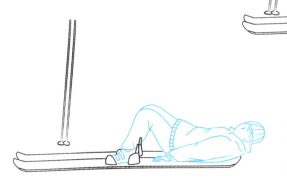

做身体平躺时，玩家要先蹲下，接着臀部慢慢着地，再躺下上身，这时脚腕和脚背会有紧绷的感觉。

在滑雪时，掌控好身体的重心，可有效地调整身体的姿态和滑行的速度。

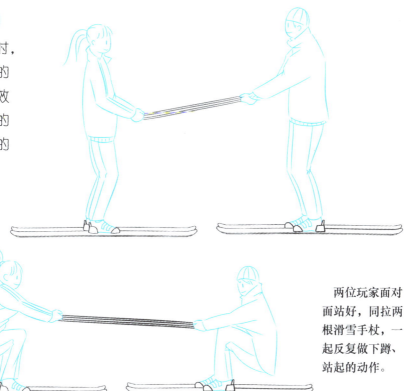

两位玩家面对面站好，同拉两根滑雪手杖，一起反复做下蹲、站起的动作。

左右重心交叉练习

在滑雪过程中，身体随之左右晃动，身体重心也会同步发生转移。

在做抬左脚动作前，先将身体的重心放在右脚上。当确认右雪板压实在地面，不会前后左右滑动后，再做抬左脚动作。要点是先提板尾，板尖不动，这时能感受到板尾的重量，再提起板尖。板是前低后高，落地时将板拉平。然后再做抬右脚动作，要点与抬左脚相同。

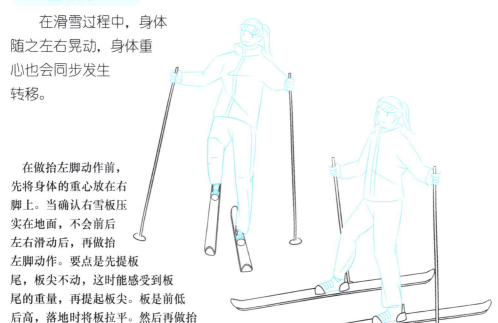

189

向左右摔倒练习

任何一个滑雪场，滑雪道上都会有凸凹不平的地段，在高速滑行时，遇到这种地形，稍不留神，就会摔倒。侧摔是滑雪运动中一种正确的摔倒方式。事先训练侧摔时防止受伤的动作和技巧，是学滑雪的重要一课。

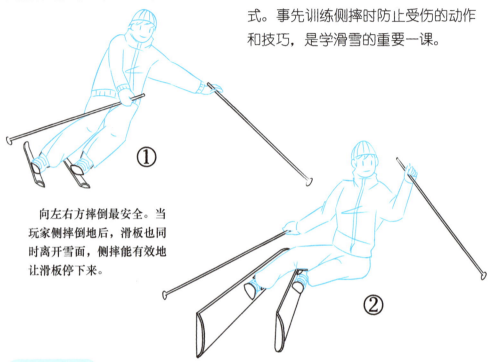

向左右方摔倒最安全。当玩家侧摔倒地后，滑板也同时离开雪面，侧摔能有效地让滑板停下来。

正确地站起

摔倒后，如何运用正确的姿势站起来也很重要。

摔倒后，有几种不同的方法能站起来，先将姿势调整成后坐在滑板上，然后双手把手杖向后撑在地上，身体向上、向前，双手用力后撑即可站起来。

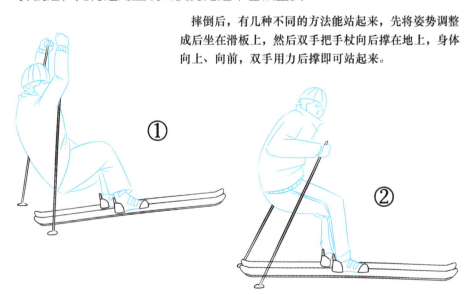

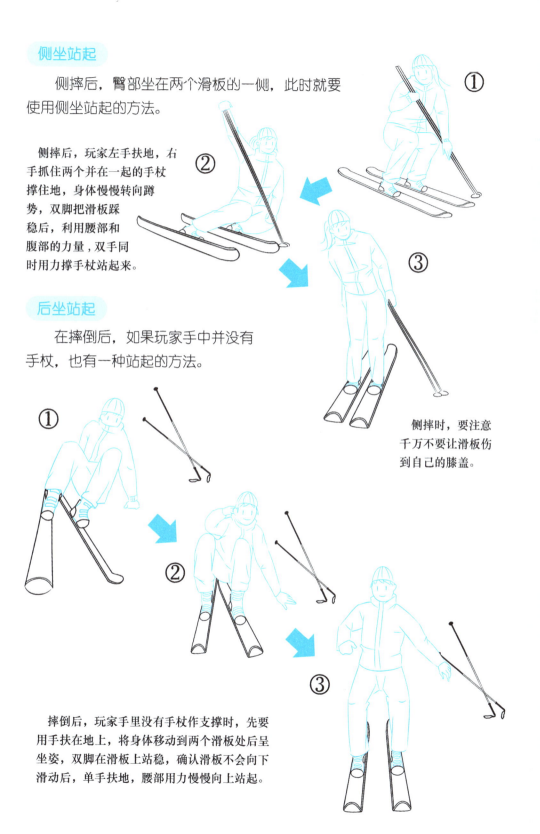

侧坐站起

侧摔后，臀部坐在两个滑板的一侧，此时就要使用侧坐站起的方法。

侧摔后，玩家左手扶地，右手抓住两个并在一起的手杖撑住地，身体慢慢转向蹲势，双脚把滑板踩稳后，利用腰部和腹部的力量，双手同时用力撑手杖站起来。

后坐站起

在摔倒后，如果玩家手中并没有手杖，也有一种站起的方法。

①

②

③

①

②

③

侧摔时，要注意千万不要让滑板伤到自己的膝盖。

摔倒后，玩家手里没有手杖作支撑时，先要用手扶在地上，将身体移动到两个滑板处后呈坐姿，双脚在滑板上站稳，确认滑板不会向下滑动后，单手扶地，腰部用力慢慢向上站起。

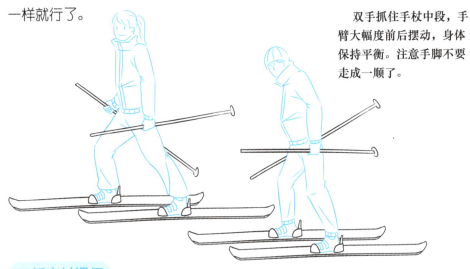

单板行走

　　双手撑稳手杖，身体的重量一开始放在左腿上，把滑雪板踩压在雪面上，不穿滑雪板的右脚抬起向前迈一步后踩在雪地上，再向前移动左脚。

　　单板行走时一定要走直线，身体保持平稳，避免左右晃动，双膝在走动时不要向里拐。

双板行走

　　这个动作像平时走路一样就行了。

　　双手抓住手杖中段，手臂大幅度前后摆动，身体保持平衡。注意手脚不要走成一顺了。

双板支杖滑行

　　这是一个双板滑雪中最基础的动作，也可以说是一切动作的起点。

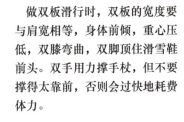

　　做双板滑行时，双板的宽度要与肩宽相等，身体前倾，重心压低，双膝弯曲，双脚顶住滑雪鞋前头。双手用力撑手杖，但不要撑得太靠前，否则会过快地耗费体力。

左腿和右腿轮流抬起，抬起的方式主要
有两种：一是滑板前后竖着抬起；一是
滑板平行抬起。

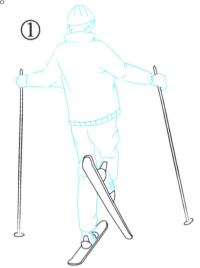

玩家双手先
将手杖支撑在
地上，左脚站
稳后再将右脚
向后抬起，前
板尖朝下。

玩家双手先将手杖支撑在地
上，右脚站稳，随后将左腿稍
微弯曲，左脚轻轻抬起离地。

原地跳

在滑行过程中，如遇到障碍物，滑板在惯性作用下会跳起来。所以原地
跳的练习，会让玩家提前体验跳起的感觉，避免实际滑行时身体突然失控。

一只手抓住两根手杖，身体向前弯，双腿下蹲，
双脚用力向下蹬，身体向上使劲使两个滑雪板离
地。玩家此时会体验到两个滑板的重量。落地时
尽量让滑板放平，双脚要踩稳、踏实。

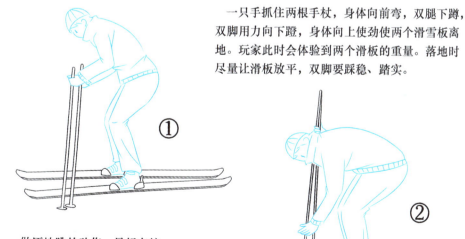

做原地跳的动作，最好在较
平的地面上进行练习。

左右重心移动

这个动作与单腿站立的不同之处是滑行中的、动态的，不是静止的，但脚不用离地。

当重心在左脚时，右脚放松，身体重心也一并压在左脚上。在滑行中单脚支撑身体的重量。左右脚替换反复练习。

左右换腿压膝盖

在雪面向山上行走有多种方式，最关键的一点是防止打滑摔倒。

在雪面向上行走，最好的方法是将滑板的内侧刻在雪面上。左腿向前迈一步，膝盖弯曲并下压，将左板在雪面上刻稳后，再换右腿，两个滑板像内八字形状。

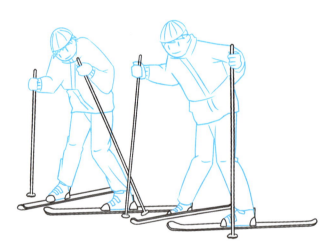

外八字行走

这也是一种平地行走的动作。要点是充分利用滑板内侧刻住雪面，以便支撑身体及防止打滑。

在行走时，左脚先向前迈出一步，落地时滑板板尖向外倾斜，板尾向一起靠拢，滑板的内侧边缘刻在雪面上。左脚站稳之后，再移动右脚。在交替向前迈步时，要防止两个板尾压在一起。

这是一个利用滑板刻板的原地转身动作。

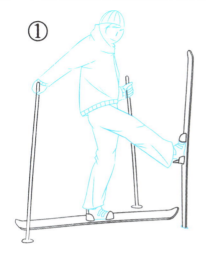

① 双手撑稳手杖，先将右腿向前伸出并抬起，脚尖朝上，脚跟向下，将板尾刻在雪地上。

转身的同时，右脚将滑板向斜后方倒地踩住，与另一个滑板呈平行状。

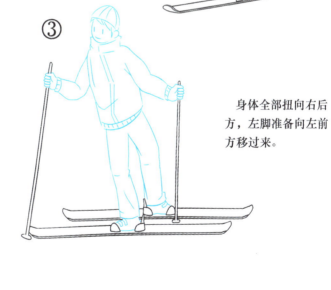

③ 身体全部扭向右后方，左脚准备向左前方移过来。

④ 左脚放在与右脚滑板平行的位置，双脚并列，脚尖齐平，双手将手杖撑在身体的左右双侧。

195

向左旋转身体

用与向右旋身体一样的方法向左转动身体。

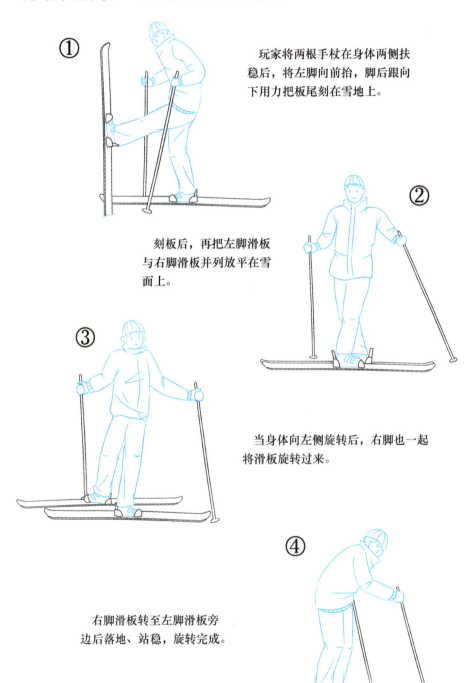

① 玩家将两根手杖在身体两侧扶稳后,将左脚向前抬,脚后跟向下用力把板尾刻在雪地上。

刻板后,再把左脚滑板与右脚滑板并列放平在雪面上。

②

③ 当身体向左侧旋转后,右脚也一起将滑板旋转过来。

右脚滑板转至左脚滑板旁边后落地、站稳,旋转完成。

④

直线滑降

从山坡上向下直线下滑，是滑雪游戏中最基础的动作。

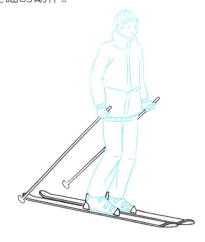

直线下降滑行时，玩家双肩放松，双臂自然下垂，双手握牢悬空的两根手杖。下滑中可随时改变滑板的姿态，由两板平行并列改为板尖稍分开，再变回滑板平行状态。

横向行走

玩家在雪地上横向行走时，要善于利用滑板的双刃刻板防滑。

如果身体的右侧朝着下山方向，就将右脚向下方横向挪一小步，并利用滑板的内侧刻在雪面上。

横向行走前，先把滑板横在山坡前，双手把手杖撑好。

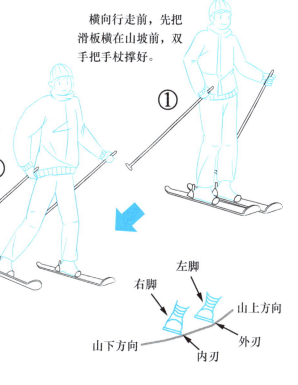

当右脚踩实后，左腿的膝盖先向右侧移，接着把左脚抬起也移到右脚的旁边，双腿弯曲压板，靠山上方向的滑板用外刃刻板，靠山下方向的滑板用内刃刻板。切记每次挪动的步伐不要太大。

原地转圈

这是一个在原地转向的游戏，移动板尾，而板尖始终朝向一个固定的位置，就像在雪地上画个太阳一样。

随后，玩家的右脚板尾向外轻轻移动一点儿，板头不动。

首先玩家双臂放松，双腿并列在雪面上站好。

板尾方向

板头方向

接着，左脚的板尾也带着移过去，左脚的板头也不动。

平行转弯

这个转弯的动作看似容易，其实难度相对较高，只有滑雪技术达到一定水平的玩家，才能顺利完成。

平行转弯的速度要快，转弯过程中无需使用板刃的处理技巧。

①

②

平行转弯速度快，因此滑行时身体应自然放松，保持平稳，不能左右摇晃。转动时要充分利用胯和双膝的力量带动滑板转向。

③

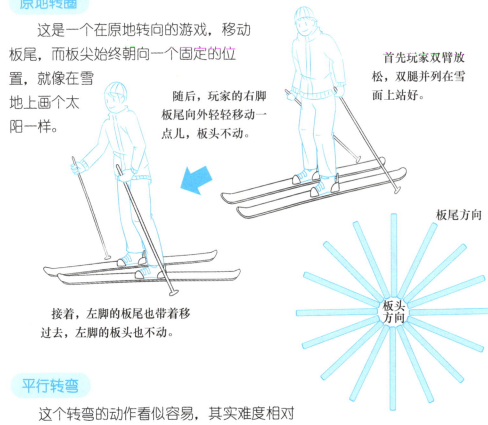

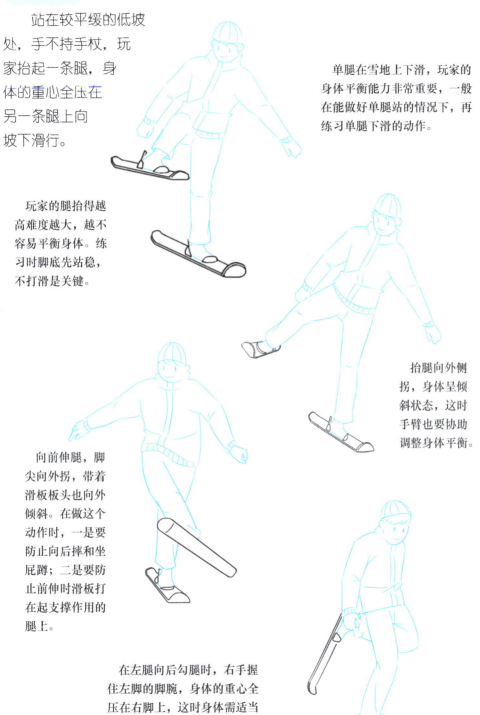

单腿下滑

　　站在较平缓的低坡处，手不持手杖，玩家抬起一条腿，身体的重心全压在另一条腿上向坡下滑行。

　　单腿在雪地上下滑，玩家的身体平衡能力非常重要，一般在能做好单腿站的情况下，再练习单腿下滑的动作。

　　玩家的腿抬得越高难度越大，越不容易平衡身体。练习时脚底先站稳，不打滑是关键。

　　抬腿向外侧拐，身体呈倾斜状态，这时手臂也要协助调整身体平衡。

　　向前伸腿，脚尖向外拐，带着滑板板头也向外倾斜。在做这个动作时，一是要防止向后摔和坐屁蹲；二是要防止前伸时滑板打在起支撑作用的腿上。

　　在左腿向后勾腿时，右手握住左脚的脚腕，身体的重心全压在右脚上，这时身体需适当往右倾斜，才能平衡好身体。

199

正向外八字登山

双脚全向外撇，呈外八字样，滑板的板头向外斜，一支板尾叠在另一支板尾上，登坡时要利用两个滑板内板刃刻板，防止滑板打滑。

①

玩家面向山坡方向站好，初始姿势是两个滑板的板尾剪式叠加在一起的。

②

玩家在用外八字式登坡时，一定要记清楚，哪只脚的滑板叠在另一只滑板上面，否则迈步时抬错会引发摔跤。双手在身后撑住手杖，起辅助作用。

③

登坡时，膝盖尽力向上顶，当脚落地时，滑板的内侧要采取刻板姿势才能站稳，千万不要压住另一支滑板，然后再移动另一只脚。

用刻雪的方式向山上行走时，抬哪只脚时，哪侧的手杖起重点支撑作用。

④

外八字登坡，如果众多玩家前后排成一个小队，步伐一致，嘴里喊着"一二、一二""左右、左右"一起登坡，看似也有趣，但想真正做好也属不易。

外八字登坡

外八字登坡是比外八字行走难度更大的登坡动作。采用这种方式登坡时，更需防范打滑情况的出现。

登坡时要充分利用滑板的内板刃刻住雪面，只有刻稳才能撑住身体。双腿向山上的方向用力，手杖撑在身后两侧，手脚一顺，迈哪只脚时，相应哪边的手杖进行支撑。

外八字登坡后下滑制动

登坡后下滑时，采用板尾相卡的动作，可有效地制动。

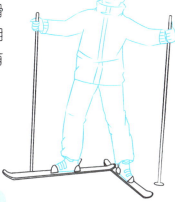

将一个滑板的板尾压在另一个滑板的板尾上，产生的制动作用直至使下滑停止。

直线下滑立刃

这个直线滑降动作，与前面介绍的稍有不同。玩家在下降时双膝一起弯曲并分别向左右倾斜，利用板刃向下滑行。

在下降立刃滑行时，膝盖时弯时直，可有效控制下滑时的速度。

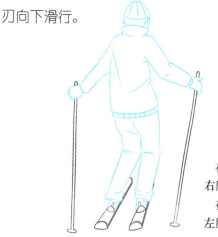

在双腿向左歪时，左脚用板外刃，右脚用板内刃滑行。

在双腿向右歪时，右脚用板外刃，左脚用板内刃滑行。

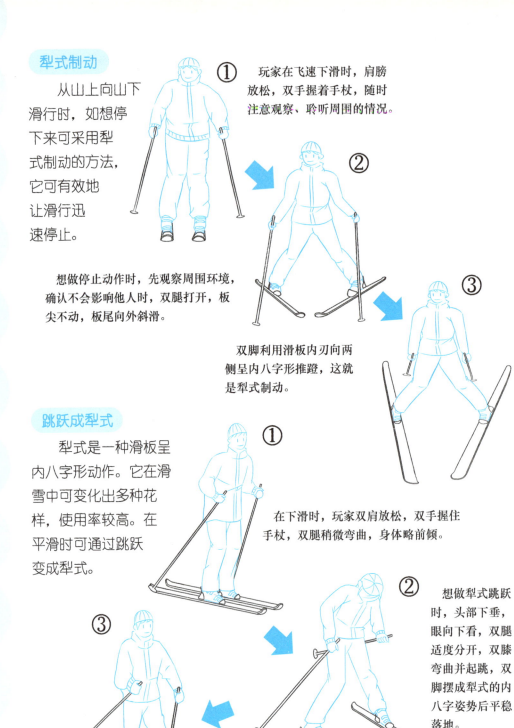

犁式制动

从山上向山下滑行时，如想停下来可采用犁式制动的方法，它可有效地让滑行迅速停止。

① 玩家在飞速下滑时，肩膀放松，双手握着手杖，随时注意观察、聆听周围的情况。

想做停止动作时，先观察周围环境，确认不会影响他人时，双腿打开，板尖不动，板尾向外斜滑。

双脚利用滑板内刃向两侧呈内八字形推蹬，这就是犁式制动。

跳跃成犁式

犁式是一种滑板呈内八字形动作。它在滑雪中可变化出多种花样，使用率较高。在平滑时可通过跳跃变成犁式。

① 在下滑时，玩家双肩放松，双手握住手杖，双腿稍微弯曲，身体略前倾。

② 想做犁式跳跃时，头部下垂，眼向下看，双腿适度分开，双膝弯曲并起跳，双脚摆成犁式的内八字姿势后平稳落地。

当玩家的滑板变成犁式落地后，上身挺起，身体重心平稳后，仍用犁式姿势继续下滑。

在犁式下滑中
做犁式转弯，基本
犁式动作不变，
直接调整重心
转弯就可以了。

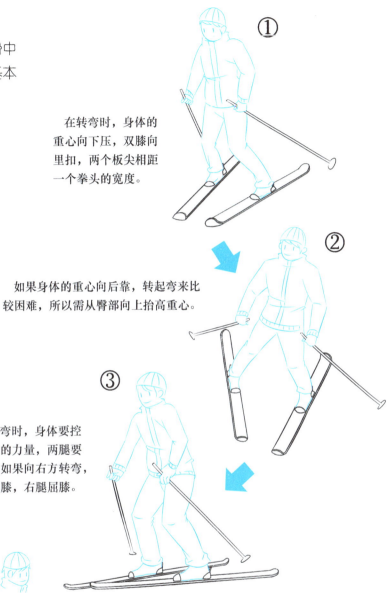

①

在转弯时，身体的
重心向下压，双膝向
里扣，两个板尖相距
一个拳头的宽度。

②

如果身体的重心向后靠，转起弯来比
较困难，所以需从臀部向上抬高重心。

③

在下滑转弯时，身体要控
制住向下冲的力量，两腿要
同时用力，如果向右方转弯，
则左腿伸压膝，右腿屈膝。

④

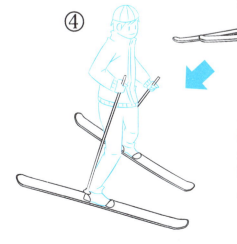

通过压膝和屈膝，使身体的重心提升起来，
只有这样才能不断地交换重心，通过下压的
膝盖十分自然地完成转弯的动作。想再转弯，
先决定好方向，再确定左右两腿。哪条腿压
膝，哪条腿屈膝。只有完美地配合，才能完
成犁式转弯。

半犁式转弯

这是下滑转弯的一种有效方法。

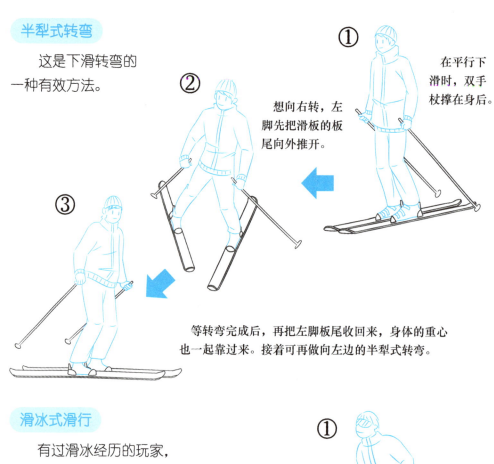

① 在平行下滑时，双手杖撑在身后。

② 想向右转，左脚先把滑板的板尾向外推开。

③

等转弯完成后，再把左脚板尾收回来，身体的重心也一起靠过来。接着可再做向左边的半犁式转弯。

滑冰式滑行

有过滑冰经历的玩家，掌握了滑冰的姿势，穿上滑雪板，有时也会用滑冰的方式滑雪。

①

②

③

在做蹬冰式滑行时，手杖和滑板一定要协调配合好，当一只脚向前蹬滑时，另一只脚则向旁边推板蹬雪。

身体的重心向前靠，力量着重用在蹬板的那只脚上。撑手杖时，滑板要同时蹬地。收滑板时，手杖也一并收回来。手杖和蹬板的力度大小，也可控制滑行的走向。

在平行下滑时，抬起一条腿向旁边跨一步落地后，继续滑行。

玩家在做左右跨步时，先要确认一下会不会影响其他人滑行。

如果想向外跨出右脚，这时重心全在左脚上，要慢慢地把身体的重心向右脚上转移。

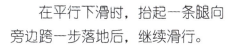

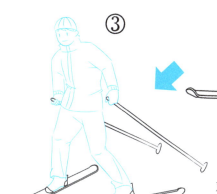

当右脚落地后，重心平均分配在双脚上，待站稳后，继续下滑。

下滑速度控制

遇到陡坡时，在冲击力的作用下，会造成下滑的速度难以控制。这时需要使用速度控制动作来有效制动。

玩家的手杖和滑板的动作要同步，双眼注意观察四周，防止自己的减速影响其他人。

双膝向里扣并稍弯曲，双脚向外侧滑板尾并利用板内刃推板，这一整套动作相互配合，可有效地控制速度。

205

当速度减慢后，可恢复做平行下滑或犁式下滑。

斜滑降

向斜下方滑，如果左斜和右斜交替滑，就会滑出一个 "之" 字形。

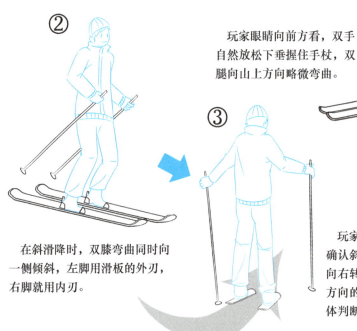

玩家眼睛向前方看，双手自然放松下垂握住手杖，双腿向山上方向略微弯曲。

在斜滑降时，双膝弯曲同时向一侧倾斜，左脚用滑板的外刃，右脚就用内刃。

玩家在下滑时，如果不能确认斜滑降向左转弯，还是向右转弯方向时，可将要转方向的手杖提起来，帮助身体判断转弯的方向。

斜滑降停止

利用滑板的板刃也可顺利地达到斜滑降暂停的目的。

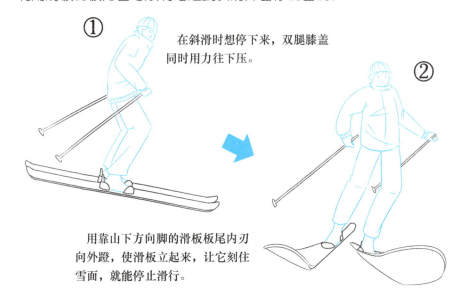

在斜滑时想停下来，双腿膝盖同时用力往下压。

用靠山下方向脚的滑板板尾内刃向外蹬，使滑板立起来，让它刻住雪面，就能停止滑行。

斜滑降单腿支撑

　　在单腿下降斜着滑行时，由于只靠一条腿支撑身体的全部重量，故掌握身体平衡就显得非常重要。

　　在斜坡下滑中，如果身体的右侧位于山上方向，身体应向右侧稍微倾斜。位于山下方的左脚抬起后，要充分利用右脚滑板的外刃。当左右换脚时，左脚落地后要使用滑板的外刃。只有这样，身体才能在滑斜坡时保持平衡。在下滑时，为求平稳可用手杖适当支撑地面。

　　在做换脚动作时，如果位于山上方的脚抬不起来，往往是因为身体的重心还没有调整好，切记上身要放松，膝盖不要太往里扣，要习惯使用雪杖作支撑。

斜滑降时前后转移重心

　　在做斜滑降滑行时，玩家身体时而前倾，时而后仰，身体的重心在向下斜滑时不停移动。

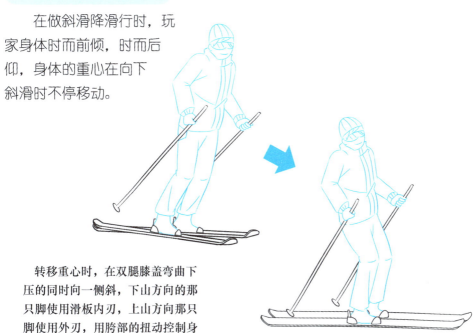

　　转移重心时，在双腿膝盖弯曲下压的同时向一侧斜，下山方向的那只脚使用滑板内刃，上山方向那只脚使用外刃，用胯部的扭动控制身体的倾斜方向。

横滑降

把滑板横在山坡的坡面上用板面向下滑。

下滑时，用使用山上方一侧的滑雪手杖支撑。

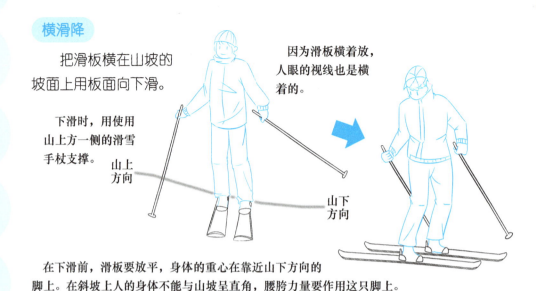

因为滑板横着放，人眼的视线也是横着的。

山上方向

山下方向

在下滑前，滑板要放平，身体的重心在靠近山下方向的脚上。在斜坡上人的身体不能与山坡呈直角，腰胯力量要作用这只脚上。

横滑停

在横滑下降的过程中停下来。

想停止的时候，双膝弯曲向山上方向压，靠近山上方向用滑板的外刃刻住雪面，靠近山下方向用滑板的内刃刻雪面。

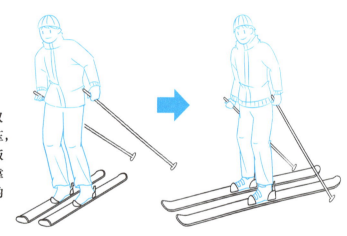

滑板最好能刻住雪面，身体向上靠，再用滑雪手杖支撑一下，就能停下来了。

单腿横滑降

单腿横滑降是比双腿横滑降难度更大的动作。由于只用一只脚踩在雪坡上下滑，所以控制好身体的平衡尤为重要。

在横向下滑时，把靠近山坡下方的脚略微抬起，只用靠近山上方的单脚滑行，更要处理好单腿与身体之间的平衡。用单板的外刃刻板滑行，滑雪杖的辅助功能也是必不可少的。

身体左右移动

通过这个动作，可让玩家充分了解轴心在转动时起的作用。

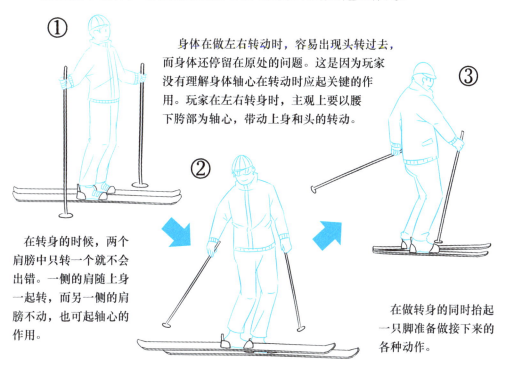

身体在做左右转动时，容易出现头转过去，而身体还停留在原处的问题。这是因为玩家没有理解身体轴心在转动时应起关键的作用。玩家在左右转身时，主观上要以腰下胯部为轴心，带动上身和头的转动。

在转身的时候，两个肩膀中只转一个就不会出错。一侧的肩随上身一起转，而另一侧的肩膀不动，也可起轴心的作用。

在做转身的同时抬起一只脚准备做接下来的各种动作。

4 小 结

在严冷的冬季，到滑雪场去滑雪是最吸引玩家的室外活动。滑雪是一项充满刺激的游戏，玩家往往一踏上雪面，就会兴奋雀跃起来。

在滑雪场较低的坡上，比较适合玩滑雪集体游戏。凡是掌握了上山、下坡基础技术的玩家，就可以玩排队上山，排队下山，玩家也可围成一个大圆圈玩转圈游戏。在玩这些游戏时，为防止互相打板，玩家可以适当低下头，控制自己的滑板与前方玩家的滑板之间的角度、步幅、频率一致，这样做可大大降低游戏中各种危险出现的可能。

作者

李安娜

赵 宜

李 洋